Paradox Live

パラドックス ライブ

Official Fan Book

幻冬舎

paradox live
パラドックス ライブ
Official Fan Book

幻冬舎

INTRODUCTION

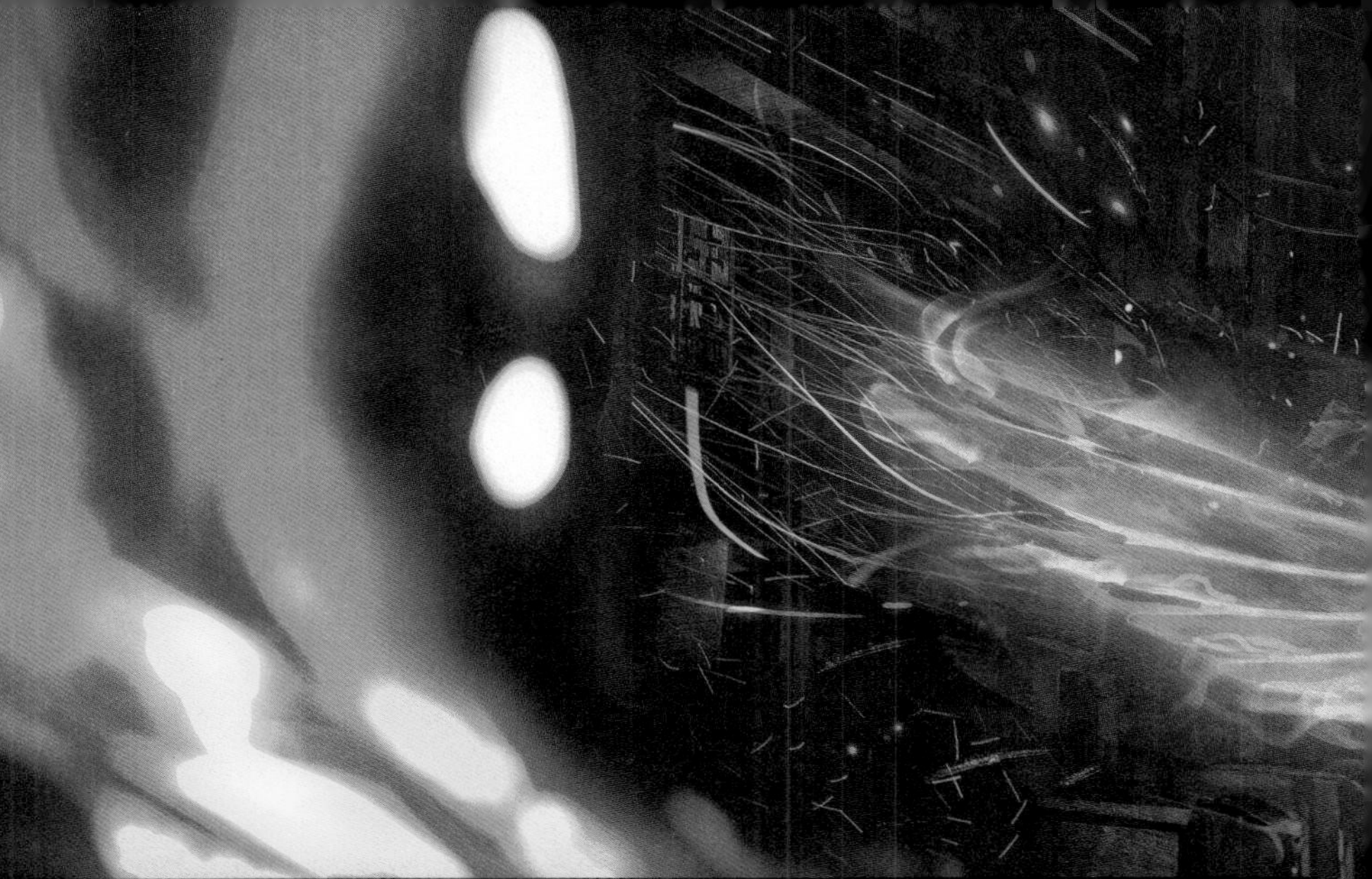

avex×GCREST 〝HIPHOPメディアミックスプロジェクト〟始動

近未来。飽和状態となったＨＩＰＨＯＰカルチャーから
新たなムーブメント〝幻影ライブ〟が誕生。

ラッパー達は、〝ファントメタル〟と呼ばれる金属を含むアクセサリーと
自身のＤＮＡとを化学反応させることで
感情とリンクした幻影を創り出し、華麗なステージで若者達を熱狂させた。
しかしその裏では、反作用として〝トラウマの幻影〟に苦しむ姿があった。

そんな中、それぞれの音楽ジャンルで絶大な人気を誇る４つのチーム
「BAE」「The Cat's Whiskers」「cozmez」「悪漢奴等」に
伝説のクラブ〝CLUB paradox〟から
謎の大会『Paradox Live』への案内が届く。

自分達の音楽がNo.1であることを証明するために、バトルへの参加を決める14人。

光と闇が交錯し、熱狂渦巻く
幻影ステージバトルが今、幕を開ける——

CONTENTS

TEAM&CHARACTER

設定資料集

BAE

The Cat's Whiskers

corner

悪漢奴等
AKYR

Yeon Hajun
燕 夏準

Allen Sugasano
朱雀野アレン

Anne Faulkner
アン・フォークナー

個性派揃いの新世代カリスマ3人組ユニット

BAE
[ベイ]

TEAM PROFILE

同じ国際系私立大学に通う3人で結成。常識や固定概念に縛られることなく自分らしく生きることを信条としている。夏準の所有する高級マンションにて3人でルームシェアをしている。日本語・英語・韓国語を駆使しジャンルレスな最先端HIPHOPを得意としている。

TEAM EPISODE

全員が出会ったのは高校生の時。アレンが放課後、学校でラップの練習をしているところに夏準が居合わせ、2人でラップをするように。そこにアンも加わり、似たバイブスを感じた3人はチームとして動くように。大学に進学したタイミングでBAEとして活動を始める。

TEAM COLOR

MAIN #EB6455　SUB #ECECEC

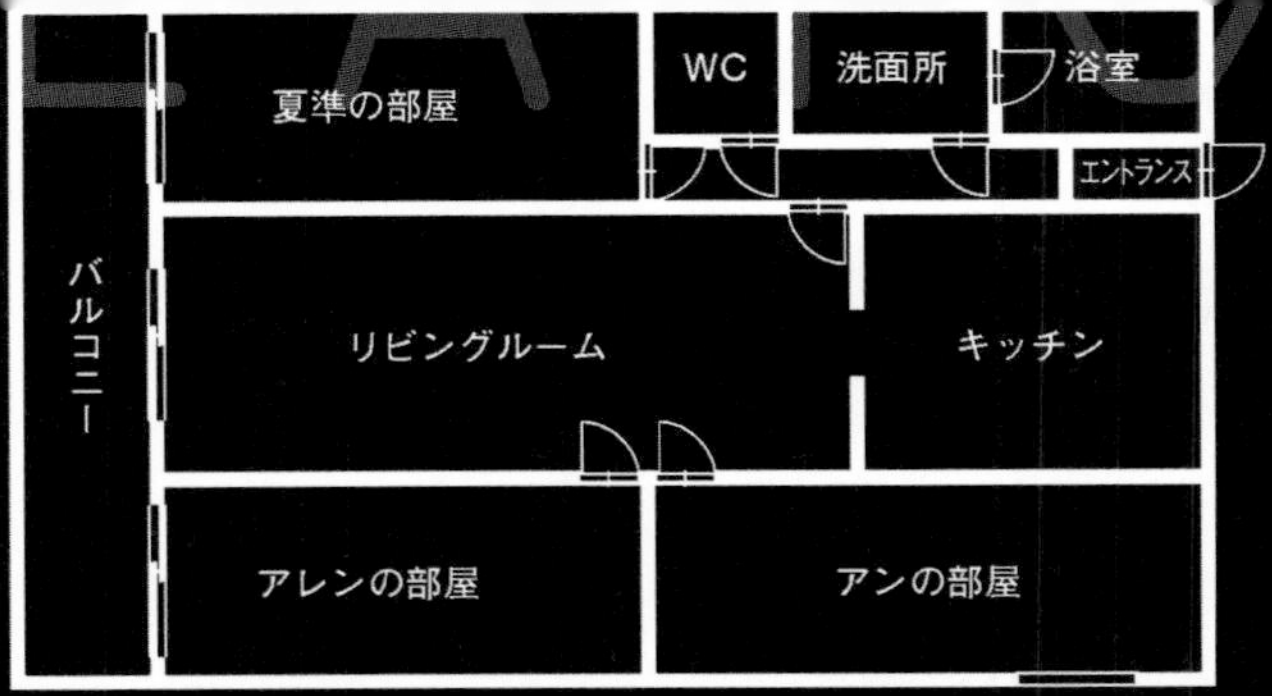

3人のシェアハウス

HOME

上品な商業施設と雑居ビルが立ち並ぶ地域のタワーマンションでシェアハウスをしている。大学も比較的近く、メトロで通っている。アレンの部屋はレコードや音響機器が所狭しと並び、散らかっている。夏準の部屋は生活感がないほどミニマル。アンの部屋は化粧品や衣装が多いものの、センスがよくこぎれい

BAE相関図

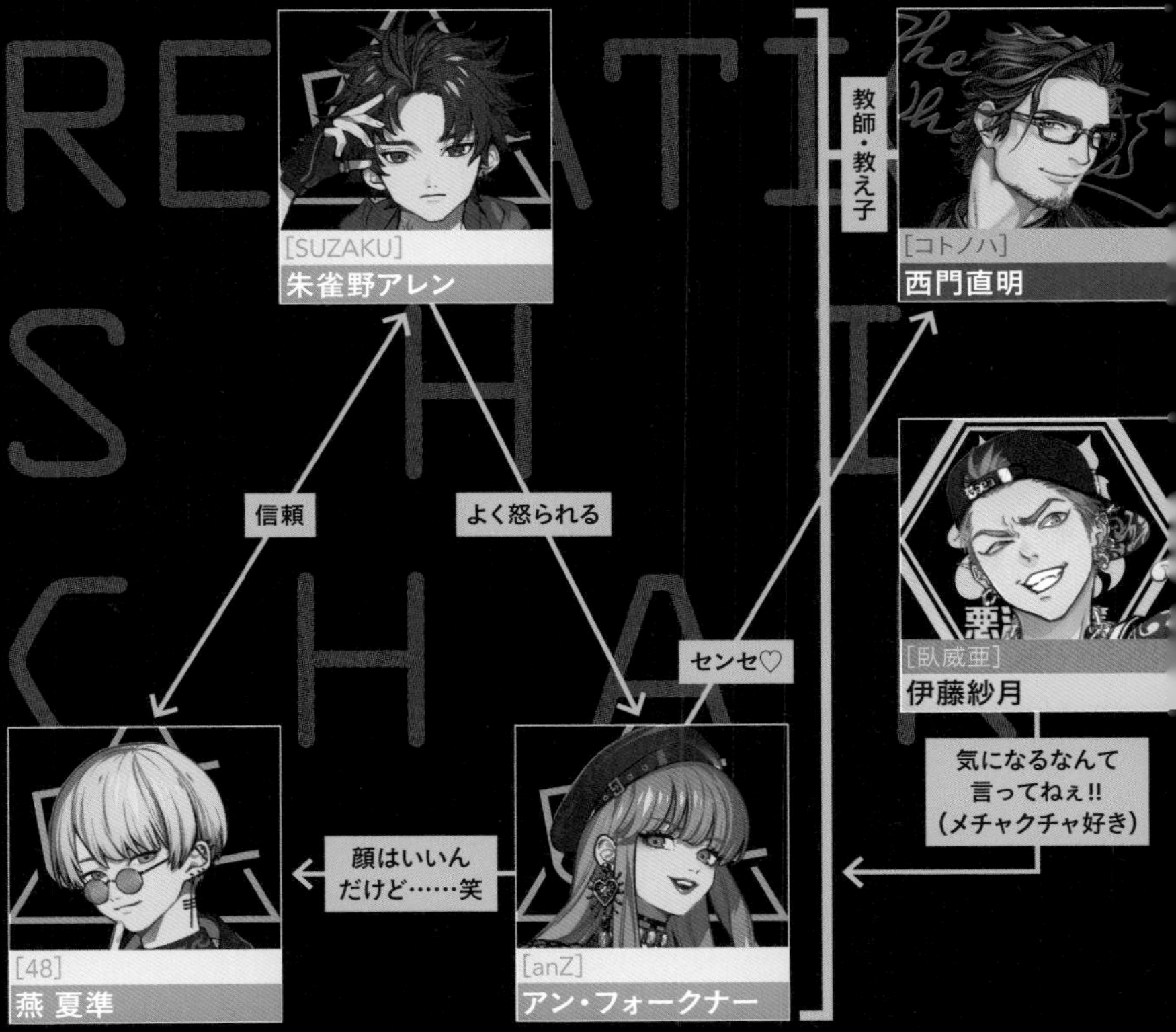

Allen Sugasano

朱雀野アレン

MC NAME：SUZAKU

CV：梶原岳人

HIPHOP オタクの ツンデレ系 ラッパー

俺の音楽で俺を証明する。

#隙あらばHIPHOP語り

#永遠の反抗期

#根は真面目

PROFILE

HIPHOPをこよなく愛する青年。目つきが悪く、愛想も無いので接しづらいと思われがちだが単に不器用なだけ。ピアニストの父とオペラ歌手である母のもとに生まれたロシア系クォーター。名のある音楽一家の出身だが、HIPHOPを両親に否定され家を飛び出している。

年齢……21歳
身長……178cm
血液型……AB
誕生日……10月1日
職業……国際系私立大学生、トラックメイカー
趣味……作詞作曲
弱点……味覚音痴、優しくされること
好きな食べ物…特製エナジードリンク
嫌いな食べ物…なし
休日の過ごし方…作曲・ライブ

- 3歳 音楽の英才教育を受ける
- 13歳 HIPHOPに興味を持つ
- 15歳 夏準と出会う
- 16歳 両親にレコードを燃やされる
- 17歳 アンと出会う
- 18歳 大学入学
- 21歳 現在

CHARACTER COLOR

MAIN #AE3E4E

とある1日

00:00	自室にて作曲
03:00	アンに邪魔されながらも作業
04:00	睡眠
09:00	起床・シャワー・朝食
10:00	授業
12:00	昼食
13:00	授業
17:00	レコード屋巡り
19:00	夏準と夕食
20:00	自室にて作曲

持ち物CHECK!

- ノート
- ペン
- タブレット端末
- リップクリーム
- イヤホン
- フリスク的なもの
- パスケース
- 歯ブラシ

연하준　Yeon Hajun

燕 夏準

MC NAME：48（ヨンパチ）

CV：村瀬 歩

優しい笑顔のドS系ラッパー

#韓流イケメン御曹司

#世渡り上手

#毒入りエンジェルスマイル

どれだけ頑張ったところで、凡人は凡人ですよね。

PROFILE

韓国でも有数の財閥生まれ。その立ち居振る舞いや容姿から「微笑みの貴公子」と呼ばれている。しかし、実はかなりのサディスト。利権や思惑の渦巻く複雑な家庭環境のため壮絶な半生を過ごしており、両親への復讐を心に誓っている。

年齢	21歳
身長	185cm
血液型	AB
誕生日	4月8日
職業	国際系私立大学生、モデル
趣味	知らない日本文化を知ること
弱点	人からいじられること、虫
好きな食べ物	オーガニックフード
嫌いな食べ物	なし
休日の過ごし方	勉強など

- 12歳　韓国有数の財閥「燕財閥」総帥の息子として育つ
- 15歳　来日、一人暮らしを始める
- 15歳　アレンと出会う
- 17歳　アンと出会う
- 18歳　大学入学、モデル業と両立
- 21歳　現在

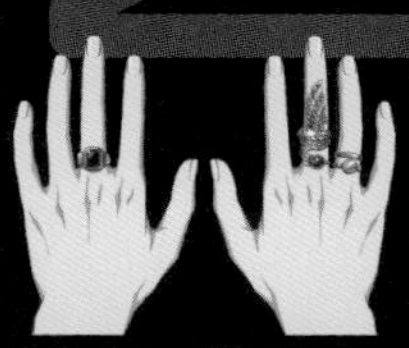

左手／リング（1個）
右手／リング（3個）

CHARACTER COLOR

MAIN #C7E5DE

ファントメタル／指輪

とある1日

00:00	睡眠
06:00	起床・ジョギング
07:00	朝食を作る（ついでに2人の分も）
08:00	アレンとアンを起こす
09:00	授業
12:00	昼食
13:00	雑誌の撮影
17:00	ジムでトレーニング
19:00	帰宅・オーガニックフード作り（ついでに2人の分も）
20:00	勉強・読書
22:00	入浴・スキンケア
23:00	睡眠

持ち物CHECK!

- PC
- リップクリーム
- ハンドクリーム
- パスケース
- 歯ブラシ
- イヤホン

アンダーウェア／薄手のタートルネック。スポーツウェアのようなスルッとした質感のもの。

シャツ／ジャケットと同じ素材。裏地がないのでジャケットよりも薄手で軽い。

ジャケット／ナイロン裏地は赤。

スキニージーンズ／膝にダメージ加工。サイドの赤のラインはカラー布テープ。

Anne Faulkner

アン・フォークナー

MC NAME：anZ（アンジー）

CV：96猫

フリーダムな男の娘系ラッパー

男とか女とか、どーでもよくない？

#男の娘キャバ嬢

#メンタルはハッキリサッパリ

#日英ハーフ

PROFILE

外見はファッショナブルなイマドキの女の子だが、中身はBAEで1番さっぱりしている。幼少のころは古風で厳格な母親に抑圧されていた。その分現在は自分の感性に正直でいようと心に決めている。今は美貌を生かしキャバ嬢のバイトをしている。

年齢……20歳
身長……175cm
血液型……B
誕生日……6月12日
職業……国際系私立大学生、キャバクラ嬢
趣味……ショッピング
弱点……料理が致命的に下手
好きな食べ物…夏準の作るごはん！
嫌いな食べ物…辛すぎるもの
休日の過ごし方…買い物か、家でチルかな

- 20歳：現在
- 18歳：大学入学と同時に家を出る、キャバクラ「CANDY」で働き始める
- 16歳：来日、アレン・夏準と出会う
- 15歳：両親の離婚
- 7歳：洋服に興味を持ち始める

CHARACTER COLOR

MAIN #E85298

とある1日

00:00	キャバクラ「CANDY」でバイト
02:00	半身浴・ボディケア
03:00	作曲作業中のアレンにちょっかいを出す
04:00	睡眠
08:00	起床・メイク・朝食
09:00	授業
12:00	昼食
13:00	授業
15:00	ウィンドウショッピング
16:00	帰宅
17:00	化粧直し・バイトへ向かう
18:00	キャバクラ「CANDY」でバイト

持ち物CHECK!

- 化粧ポーチ
- 自撮り用ライト
- 香水アトマイザー
- イヤホン
- たばこ
- ライター
- パスケース
- ガム
- 歯ブラシ

Ryu Natsume
棗 リュウ

Yohei Kanba
神林旬平

Naoakira Saimor
西門直明

Shiki Ando
闇堂四季

気高き孤高の実力派4人組ユニット

The Cat's Whiskers

The Cat's Whiskers
[ザ・キャッツウィスカーズ]

TEAM PROFILE

昔馴染みでコンビで活動していた時期もあった西門と神林を中心に、リュウと四季が加入し現在のチームになった。普段は西門がオーナーを勤めるジャズバー「Bar4/7(バーセブンフォー)」で働いている。芯の通ったJAZZYでエバーグリーンな楽曲が高く評価されている。

TEAM EPISODE

西門と神林が組んでいた「XXXX(クアドラエックス)」というヒップホップユニットが前身。2人で「Bar4/7」を経営する折、西門は家出した四季とフラフラしていたリュウを拾い、バーに住まわせる。そして、全員の共通点がラップであることを知り、「The Cat's Whiskers」を結成することとなる。

TEAM COLOR

MAIN #005290　SUB #AFBBC1

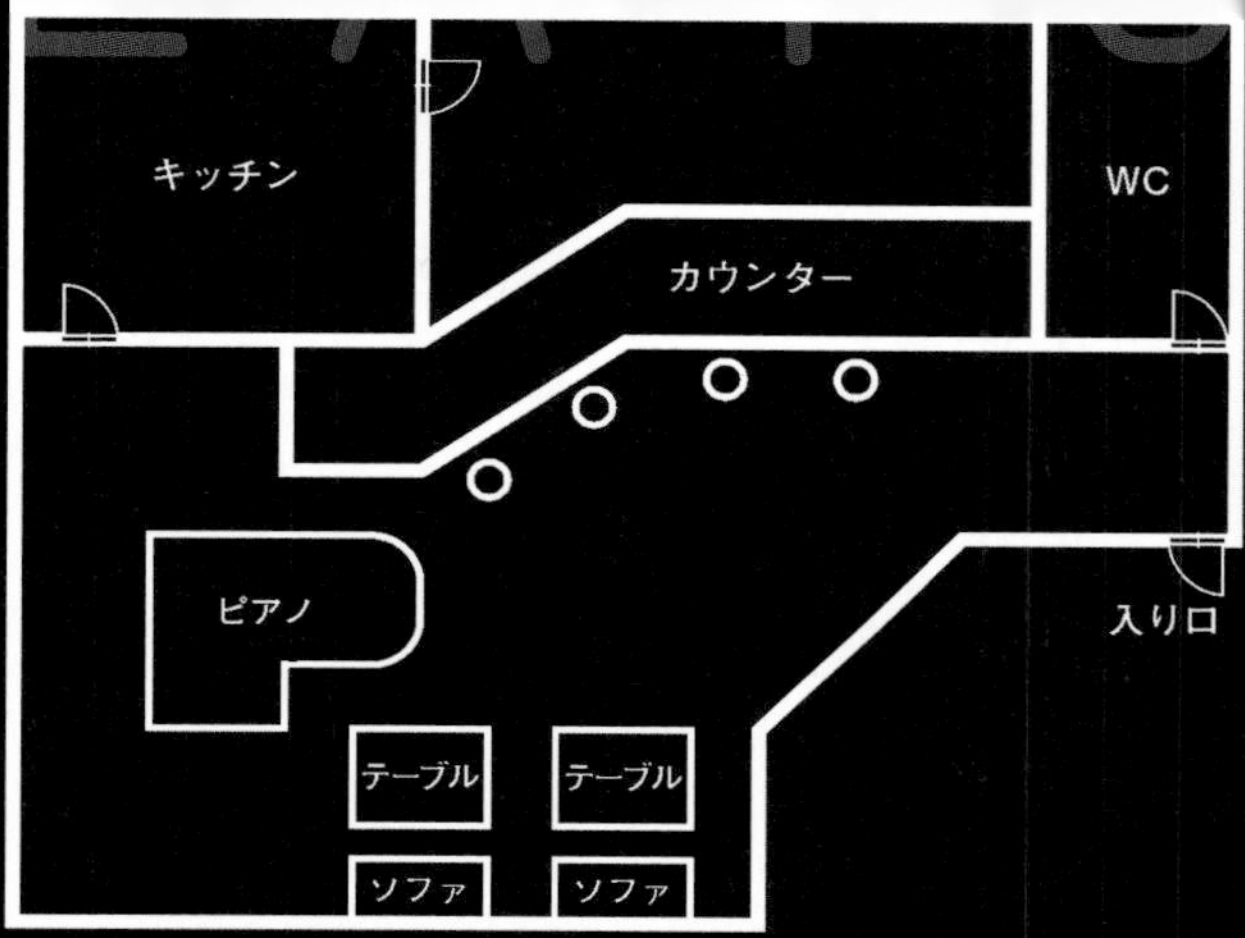

富裕層の多い、洗練された都会的なエリアが拠点。「Bar4/7」は路地裏の静かな場所にあり、一見バーとわからないレンガ造りの外装。大人な落ち着いた雰囲気。西門と神林はそれぞれの家で暮らしているがリュウと四季はバーの2階に住んでいる。2階には洋室とロフトがあるが、ロフトはリュウが使っている。

The Cat's Whiskers相関図

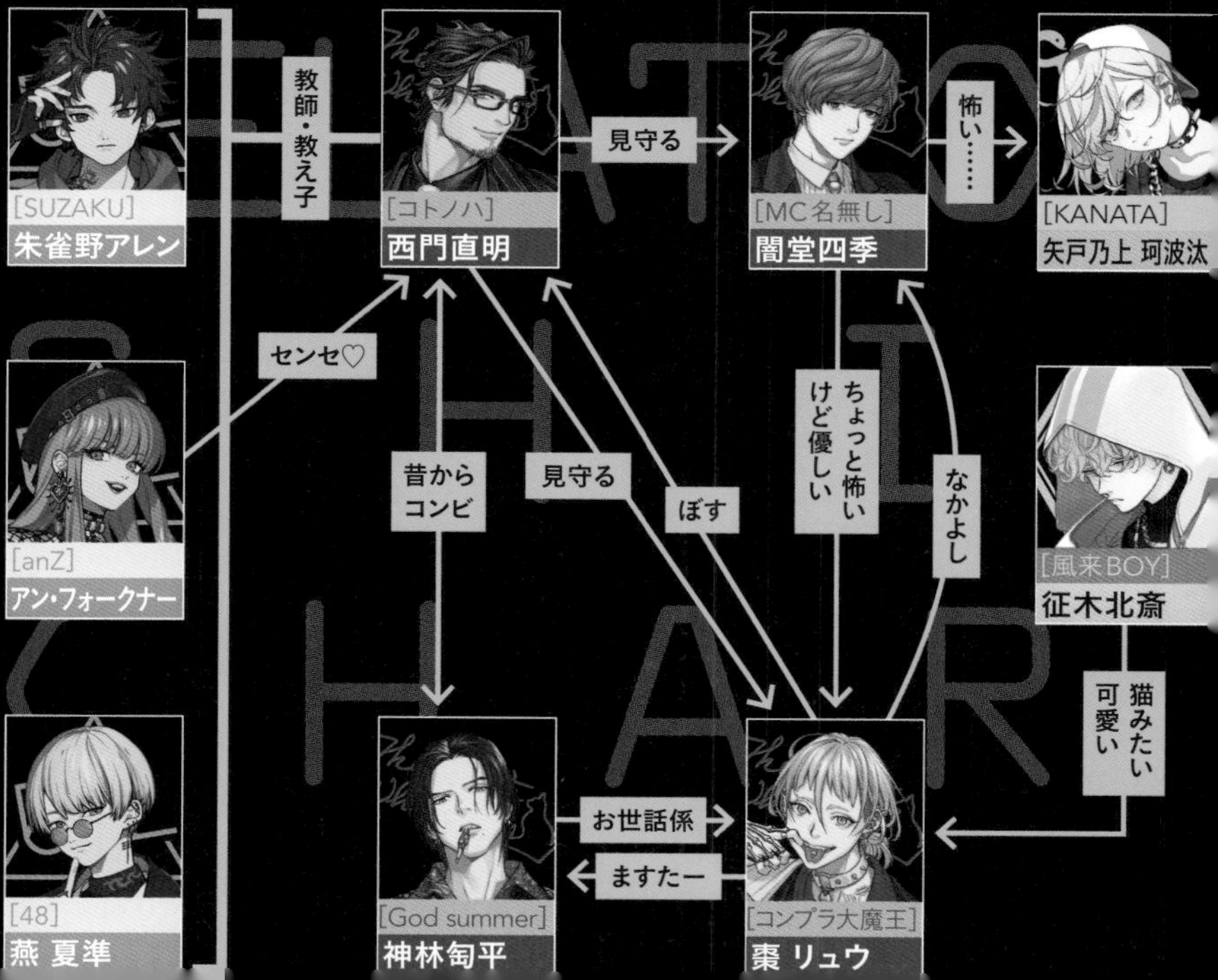

Naoakira Saimon

西門直明

MC NAME：コトノハ

CV：竹内良太

哀愁漂う ダンディー系 ラッパー

もうこれ以上…
何も失いたくはないんだ。

#ダンディズム

#言葉の魔術師

#寡夫

PROFILE

昼は言語学の大学教授、夜は「Bar4/7」のオーナーという2つの顔を持つ。物静かで余裕のある立ち居振る舞いをする。誰にでも分け隔てなく優しく、困っている者を見離すことができない性格。経営している「Bar4/7」には深い思い入れがある。

年齢……………………34歳
身長……………………183cm
血液型…………………B
誕生日…………………9月18日
職業……………………大学教授、
バーのオーナー
趣味……………………料理
弱点……………………運動、涙もろい
好きな食べ物…ピスタチオ
嫌いな食べ物…なし
休日の過ごし方…料理・読書

- 飛び級で大学を卒業し、大学院入学
- 椿と結婚
- 椿死亡、「XXXX」活動休止
- 神林と再会
- ラッパーとして活動再開
- 教授になる
- 現在

CHARACTER COLOR

MAIN #333333

とある1日

00:00	睡眠
06:00	起床・コーヒーを飲み新聞を読む
07:00	身嗜みを整える・大学へ向かう
08:00	大学のジムで汗を流す
09:00	ゼミ室にて授業準備
10:00	授業
12:00	昼食
13:00	授業
15:00	言語学の研究
19:00	「Bar4/7」へ向かう
20:00	夕食
21:00	「Bar4/7」の手伝い
23:00	帰宅・入浴

持ち物CHECK!

- ペンケース(万年筆など)
- メガネケース(メガネ拭き)
- 革財布
- 小説
- 靴ベラ
- 手帳
- ハンカチ

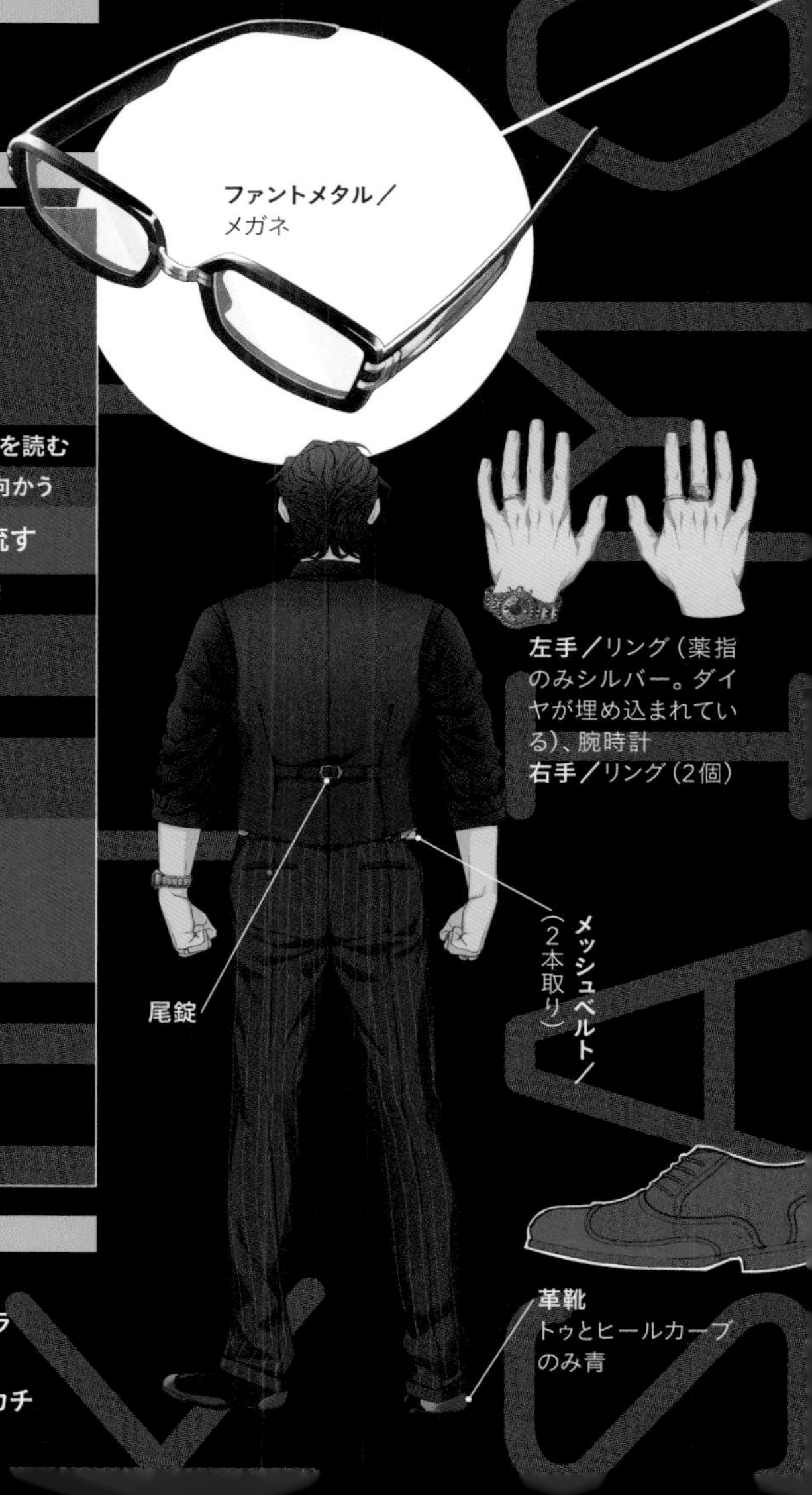

Yohei Kanbayashi

神林匋平

MC NAME：God summer

CV：林 勇

信念貫く
強面系
ラッパー

シルバーネックレス
3連。1番上のものは鷹（シャツの下）。下2つはシャツの上。

柄シャツ
ボタンは赤。

何見てやがんだ？
見世物じゃねぇんだよ。

#リュウの飼育員

#強面色男

#酒とたばことHIPHOP

PROFILE

大酒飲みで喧嘩っ早い性格。昔は相当悪かった。現在は足を洗い、ぶっきらぼうではあるが、本当は情に厚い男の中の男。西門との付き合いは長く、過去には2人でユニットを組んでいた。HIPHOP魂を大事にしている。

年齢	28歳
身長	176cm
血液型	O
誕生日	8月28日
職業	バーのマスター
趣味	カクテル作り
弱点	機械
好きな食べ物	ウィスキー
嫌いな食べ物	生クリーム
休日の過ごし方	酒

15歳	中卒で「翠石組」に加わる
17歳	西門と出会い、ラップ活動をするために組抜けする
19歳	「XXXX」活動休止、「Bar4/7」のマスターになる
22歳	ラッパーとして活動再開
25歳	リュウに懐かれ世話係に
28歳	現在

CHARACTER COLOR

MAIN #2D479C

とある1日

00:00	営業時間
04:00	知り合いの飲み屋で飲む
07:00	四季の弁当と四季とリュウの朝食作り
08:00	帰宅
08:30	睡眠
16:00	起床
17:00	シャワー・四季とリュウの夕飯作り
18:00	四季・リュウと食事
19:00	「Bar4/7」開店準備
20:00	開店作業
21:00	営業時間

持ち物CHECK!

- たばこ
- ライター
- 財布

ファントメタル／シガーホルダー

タトゥー

ライダース／革
肩から上はキルティングになっている。シルバーのスタッズでラインが入っている。

ウォレットチェーン
クリアのビジューがついている。

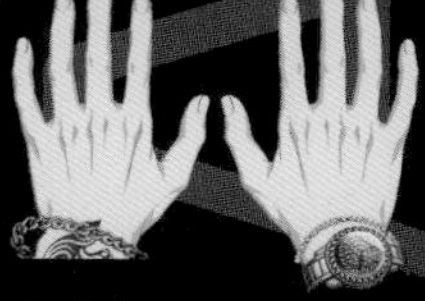

左手／ブレスレット
右手／ブレスレット、腕時計

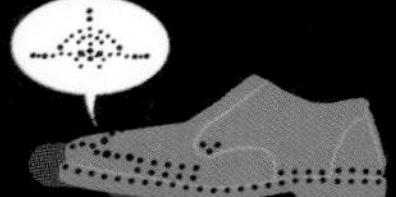

靴／革
ポイントに黒のスタッズが入っている。

Ryu Natsume

棗リュウ

MC NAME：コンプラ大魔王

CV：花江夏樹

摩訶不思議スーパーハイパー系ラッパー

面白いならなんでもいーよ！

PROFILE

みんなやっほ～！ もしかしてリュウくんのこと知りたくてこれ読んでるの？ ざんね～ん。リュウくんもリュウくんのことわかんないからぁ、わかんないんだ!! 逆に教えてって感じ？ アハハハハハハハハハハハハハハハ

- **年齢**……800歳だよ～
- **身長**……フツーよりおっきめ
- **血液型**……ドロドロ
- **誕生日**……4月1日にしたよ
- **職業**……バーテンダー見習いで～す！
- **趣味**……楽しいこと
- **弱点**……リュウくんに弱点などないのだ～！
- **好きな食べ物**……パチパチするやつ
- **嫌いな食べ物**……この世に食べられない物などない！
- **休日の過ごし方**……しっきーをカジカジ

800歳を行ったり来たり!

- 現在：無敵!
- 189歳：人間を卒業
- 38歳：切らしていたトイレットペーパーを補充
- 623歳：ほうれん草早食い大会冥王星チャンピオンになる
- 5歳：5歳
- 0歳：岩と岩の隙間から生える

髪ゴム／
プラスチック

CHARACTER COLOR

MAIN #D3CF46

ファントメタル／
舌ピアス

チョーカー／
フェイクレザー
スタッズは左右に3個ずつ。後ろのスナップは2個。正面に猫のチャーム。

とある1日

00:00	おやすみリュウくん
01:00	カリスマバーテンタイム
04:00	夜のお散歩
05:00	おやすみリュウくん
07:00	HAYAOKI・しっきーに噛みつく
08:00	朝食・ペットたちへの餌やり
09:00	お風呂
10:00	おひるねリュウくん
12:00	ペットたちとお昼ご飯
13:00	ペットたちと遊ぶ
14:00	ペットたちとお散歩
16:00	パズルを裏返して楽しむ
18:30	ますたー・しっきーと夕食
19:00	うたたねリュウくん
21:00	カリスマバーテンタイム
23:00	おやすみリュウくん

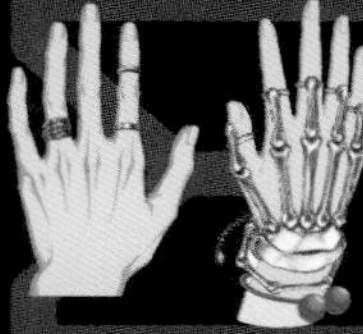

左手／リング（3個）
右手／ブレスレット
（リングとつながっている）

シャツ／綿
アシメ襟で合わせは左寄り。ボタンは黄色で8個。

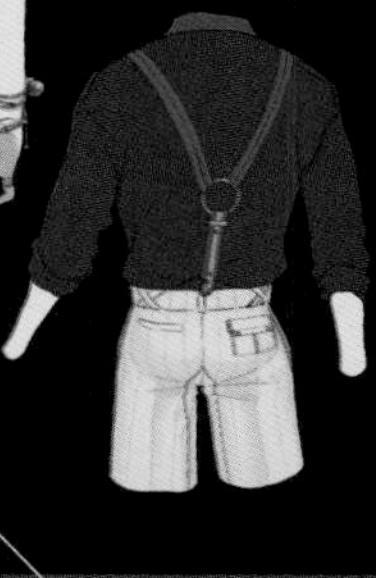

持ち物CHECK!

- セミの抜け殻
- 拾った石
- かつてお菓子だったもの

デッキシューズ／合皮
かかとは踏んで愛用。黒猫のぬいぐるみは甲皮と足の甲のあいだに挟まっている。

変形スラックス／
右足はセパレートのものを3本のベルトで繋いでいる。

Shiki Ando

闇堂四季

MC NAME：MC名無し

CV：寺島惇太

消極的な小動物系ラッパー

リボンループタイ
シンプルなラウンド型のトップにリボン紐。

シャツ
ストライプの入った部分が白で無地の部分が青のシャツ。フライフロントがある。

#根暗コミュ障

#日本一HIPHOPが似合わない男

#オーナー信者

僕なんかにできることはこれくらいなので…

PROFILE

消極的で引っ込み思案な性格。過去に家出をした際に、西門に拾われバーで働くこととなった。そのまま現在は居候兼ホールスタッフとして働く。常にオドオドとしており、自分に自信が全く無いが、一度聞いた音楽の再現能力に秀でているなど、隠れた才能を持っている。

年齢……………17歳
身長……………166cm
血液型…………AB
誕生日…………8月8日
職業……………高校生、
バーのホールスタッフ
趣味……………バーのサボテンのお世話
弱点……………威圧されること
好きな食べ物…ホットケーキが好きです
嫌いな食べ物…青魚
休日の過ごし方…お店の手伝いです

- 3歳　両親死亡、施設に入る
- 9歳　小学校の係活動で植物が好きになる
- 13歳　那由汰と出会う
- 15歳　西門に拾われ、「Bar4/7」に住むようになる。高校入学
- 16歳　リュウくんの奇行に慣れ始める
- 17歳　現在

CHARACTER COLOR

MAIN #E25A47

とある1日

00:00	宿題・明日の準備
01:00	睡眠
07:00	起床・サボテンの水やり
08:00	
08:30	朝食・身支度・登校
09:00	授業
12:00	昼食
13:00	授業
18:00	マスター・リュウくんと夕食
19:00	「Bar4/7」のバイト 休憩時間に西門と話す
23:00	入浴

持ち物CHECK!

- 筆箱
- 教科書
- タブレット端末
- お弁当
- イヤホン

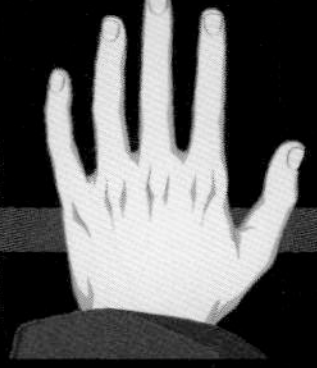

cozmez

cozmez
［コズメズ］

社会を憂うスラム出身ダウナー系双子ユニット

Kanata Yatonokami
矢戸乃上 珂波汰

Nayuta Yatonokami
矢戸乃上 那由汰

TEAM PROFILE

孤児で親の顔もまともに知らずに育った。施設を飛び出し、生きるためにステージバトルで賞金を稼いで食い繋いできた。支え合って生きてきたのでお互いを非常に信頼している。ヘビーな生い立ちから紡がれるダウナーで説得力のあるリアルなリリックは聴くものを圧倒する。

TEAM EPISODE

スラム街の孤児院から抜け出したのち、二人暮らしを始める。無一文のままその日暮らしをしている中で、ステージバトルの情報を耳に挟む。昔から好きなHIPHOPが金になるのであればという理由でマイクを握る。

TEAM COLOR

MAIN #D0AFD2　SUB #A1D5CA

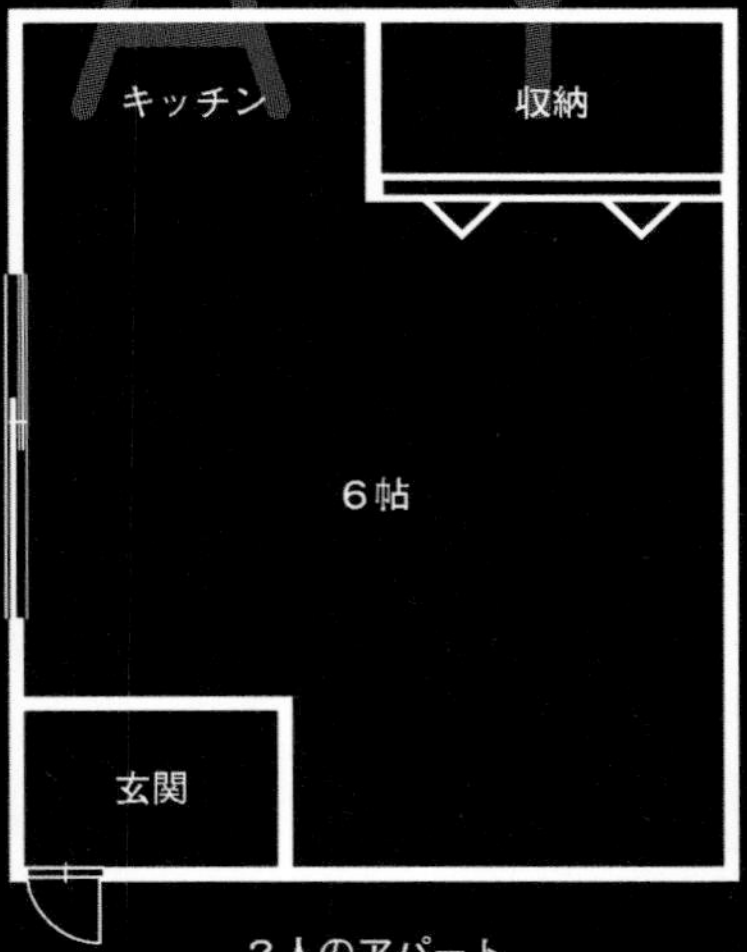

２人のアパート

HOME

非常に治安の悪いスラム街に住んでいる。風呂なし、共同トイレのワンルーム。日当たりは悪く、ジメジメしており、薄い壁の外からは絶えず騒音や罵声が飛び込んでくる。部屋には音楽機材と拾ってきたわずかな家具のみ。寝具も夏冬共用の薄い布団しかなく、毎晩2人で身を寄せ合って眠っている。

cozmez相関図

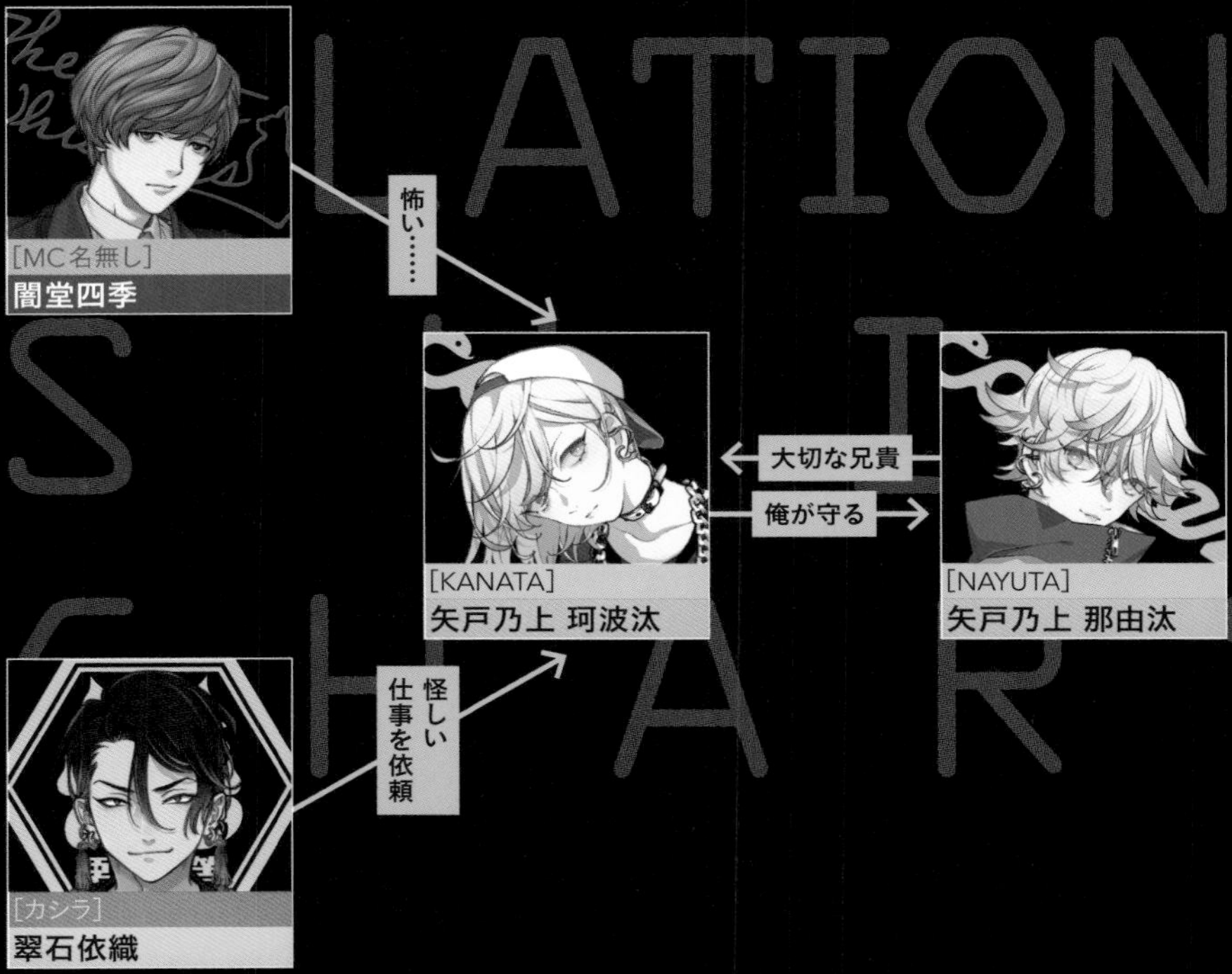

Kanata Yatonokami

矢戸乃上 珂波汰

MC NAME：KANATA

CV：小林裕介

世を憎むダウナー系ラッパー

那由汰のこと以外はどーでもいい

#那由汰命卍

#ギリギリの生活

#いまだにサンタを信じている

PROFILE

矢戸乃上兄弟の双子の兄。貧困街の孤児であり大人に虐げられて育ち、ほとんど誰も信用していない。気だるげで面倒くさがりだが、那由汰のためならなんでもする献身的な一面も。現在は那由汰と2人、裏稼業とラップの賞金稼ぎで食い繋いでいる。

年齢	19歳
身長	（公称）165cm
血液型	B
誕生日	12月24日
職業	ラッパー
趣味	寝ること
弱点	勉強
好きな食べ物	ラーメン
嫌いな食べ物	なし
休日の過ごし方	休みとかねぇ

- 0歳 誕生、母から虐待を受けて育つ
- 4歳 施設に入る
- 7歳 施設を脱走
- 10歳 那由汰とHIPHOPを始める
- 19歳 現在

CHARACTER COLOR

MAIN #49BCBD

とある1日

00:00	那由汰と曲作り
02:00	睡眠
04:00	那由汰を起こさないように起床
05:00	裏稼業
07:00	帰宅
08:00	睡眠
12:00	起床
13:00	シャワー・朝食
14:00	仕事
22:00	那由汰と食事
23:00	那由汰と曲作り

持ち物CHECK!

- 財布
- イヤホン

ファントメタル／
ウロボロスペア
ピアス（左耳）

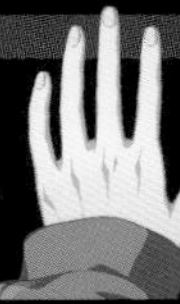

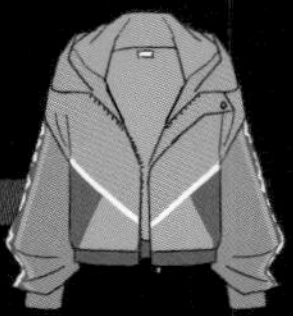

キャップ／綿
調節部分は
マジックテープ。

両手ともに
指輪なし

ジャケット／
ナイロン

スウェットパンツ／
ポリエステル　ウエストバンドもありつつ上にベルトループがついている。紐はなし。9分丈をすねまで上げている。

スポーツシューズ
緑の部分はメッシュ素材で、靴底以外は合皮。

Nayuta Yatonokami

矢戸乃上 那由汰

MC NAME：NAYUTA

CV：豊永利行

世を憂うダウナー系ラッパー

チョーカー／
フェイクレザー
珂波汰とお揃い。

#だるい眠い帰りたい

#珂波汰以外お断り

#基本省エネモード

珂波汰とじゃないなら
意味ないよ

PROFILE

矢戸乃上兄弟の双子の弟。小さいころから病弱で、兄の珂波汰に大切にされてきたため、少々自分勝手さが目立つ。これまで自分を守ってくれた珂波汰には絶対的な信頼を寄せている。周囲に対しては基本的にドライな態度だが、珂波汰を馬鹿にされると激昂する。

年齢……………19歳
身長……………163cm
血液型…………B
誕生日…………12月24日
職業……………ラッパー
趣味……………音楽
弱点……………体力がない、雨
好きな食べ物…餃子
嫌いな食べ物…なし
休日の過ごし方…珂波汰でファッションショー

- 0歳　誕生、母から虐待を受けて育つ
- 4歳　施設に入る
- 7歳　施設を脱走
- 10歳　珂波汰とHIPHOPを始める
- 15歳　四季と出会う
- [redacted]
- 19歳　現在

CHARACTER COLOR

MAIN #CECECE

とある1日

00:00	珂波汰と曲作り
02:00	睡眠
10:00	起床
11:00	シャワー
12:00	2人分の朝食作り
13:00	朝食
14:00	家の掃除
15:00	洗濯など
16:00	昼寝
19:00	買い出し
20:00	夕食の準備
21:00	洗濯物取り込み
22:00	珂波汰と食事
23:00	珂波汰と曲作り

持ち物CHECK!

- 財布
- イヤホン

ファントメタル／ウロボロスペアピアス（右耳）

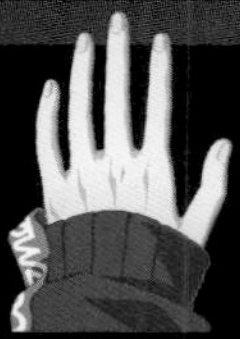

両手ともに指輪なし

ハイネックジャケット／ナイロン
肩のラインはナイロンベルト。模様やワンポイントはプリント。

スポーツショートパンツ／ナイロン

スポーツシューズ
青の部分はメッシュ素材で、靴底以外は合皮。

結束の固いギャング5人組ユニット

悪漢奴等
AKYR

悪漢奴等
［あかんやつら］

TEAM PROFILE

任俠を重んじるギャング5人組。元は大きな組だったがある事件によって解散の憂き目にあった。依織を中心に血の繋がりを超えた結束力を持つ。それぞれの個性的なフロウを繋いでいくラップスタイルで、フロアを巻き込み盛り上げる熱量の高い楽曲が魅力。

TEAM EPISODE

それぞれの家庭環境などに問題を抱えており、居場所を求めていた時に依織に救われ、翠石組に入る。元々5人でいることも多かったが、組の壊滅をきっかけに再び団結を深めるため結成された。

TEAM COLOR

MAIN #FBC85A　SUB #E73656

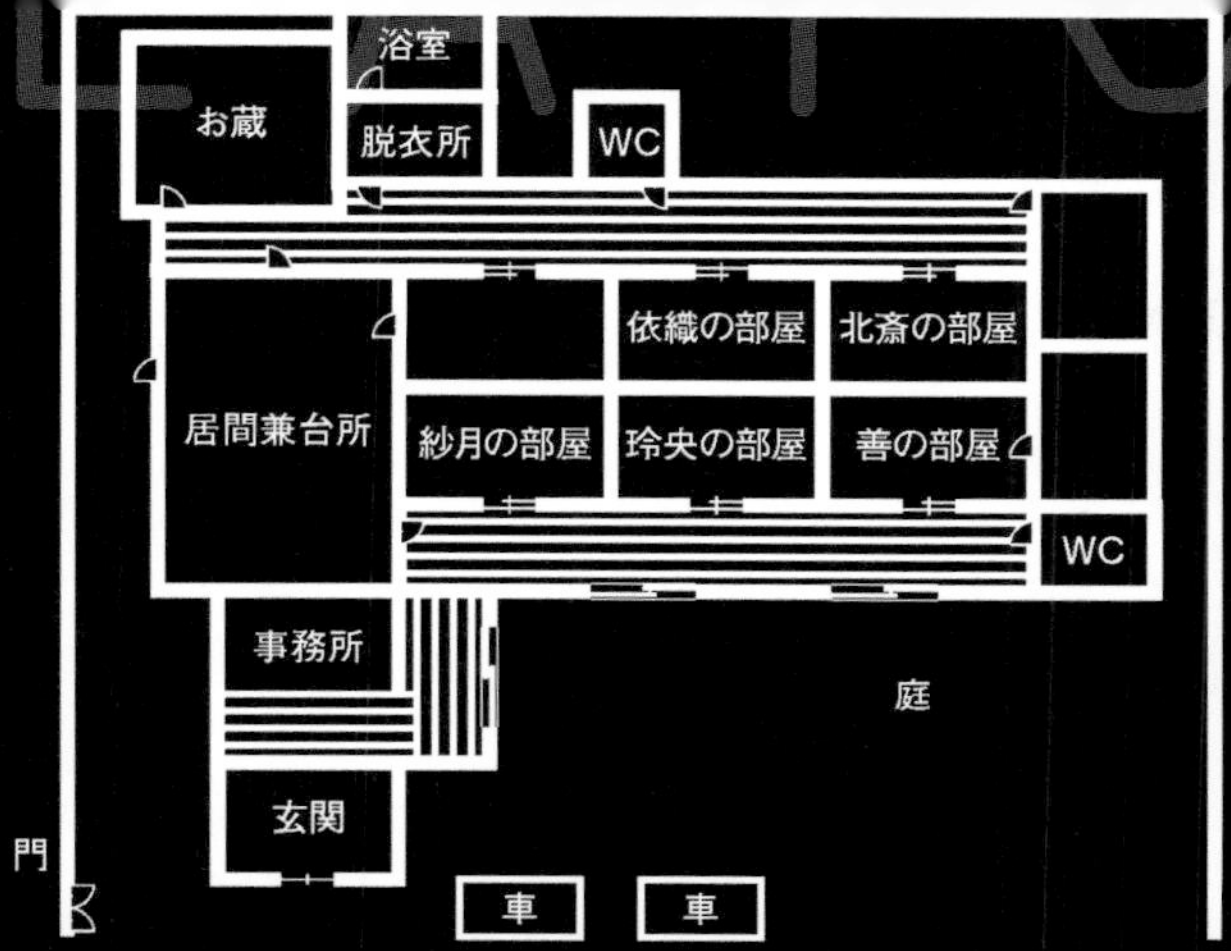

HOME

にぎやかな下町にある、平
家の古い日本家屋に同居
している。町には大きな商
店街があり、居酒屋も多
い。組長の持ち家。メンバ
ーそれぞれに個室があり
部屋が余るほど広い。空
いた部屋はリビング的な
用途で使われており、ゲー
ムやソファなどが配置され
ている。長い廊下には今日
も紗月と玲央の声が響く。

悪漢奴等相関図

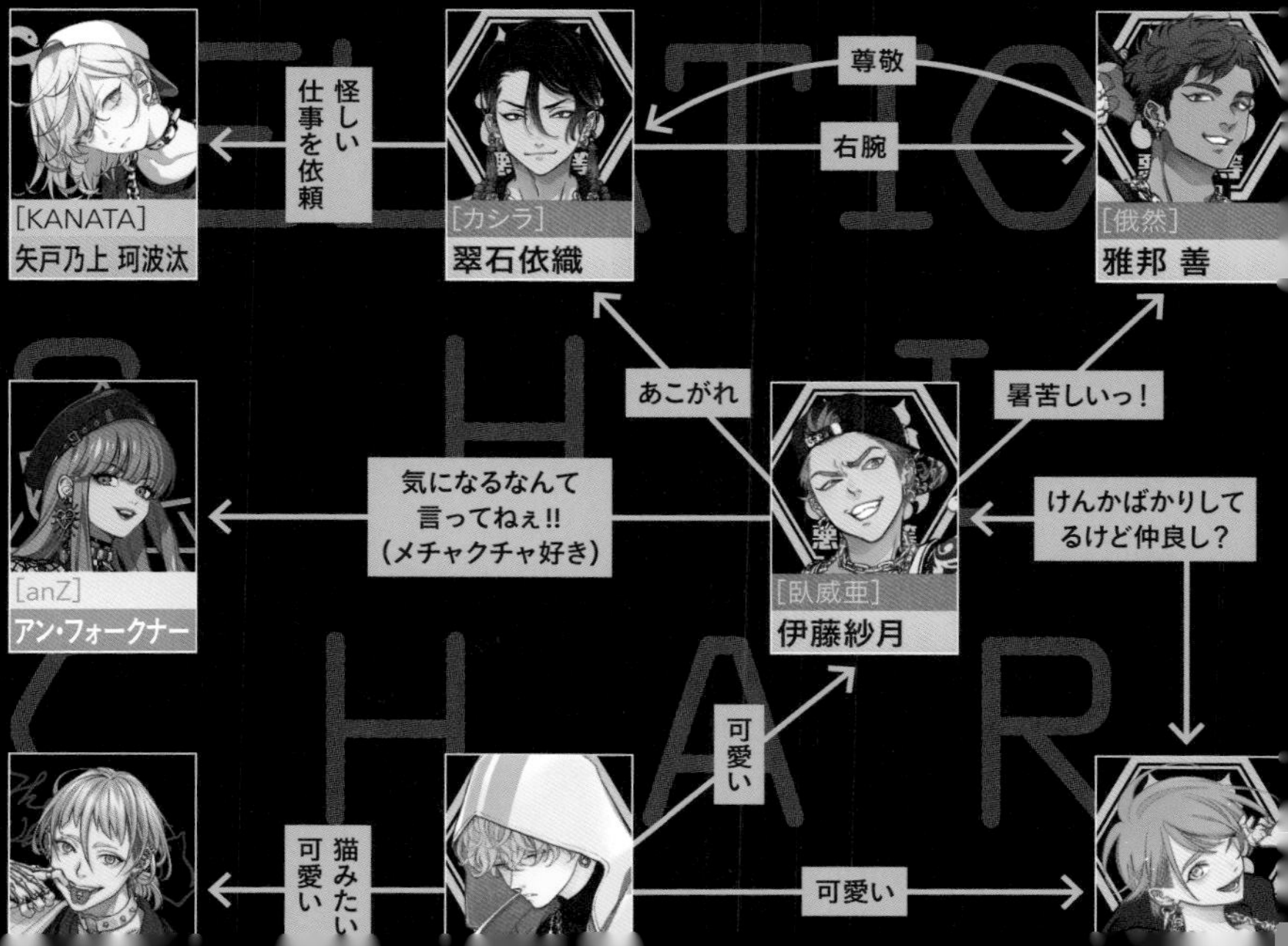

Iori Suiseki

翠石依織

MC NAME：カシラ

CV：近藤孝行

グッドバイブスのゴキゲン系ラッパー

家族いうのは血やない。過ごした時間や。

#エセ関西弁　#掴みどころのない笑顔　#やるときはやるアニキ

PROFILE

陽気な悪漢奴等のリーダー。常にニコニコしており人当たりもよいが、本心が読めない。長い間闇社会に身を置いているため、少々善悪の常識が欠如してしまっている。メンバーを家族同様に大切に思っており、全員の居場所を作ると心に決めている。

年齢	28歳
身長	175cm
血液型	AB
誕生日	5月2日
職業	キャバクラのオーナー
趣味	カラオケ
弱点	オチのない話
好きな食べ物	ぶりの照焼
嫌いな食べ物	パクチー
休日の過ごし方	事務所の帳簿とにらめっこ

28歳	現在
26歳	「翠石組」壊滅
18歳	高校卒業。キャバクラ「CANDY」を運営し、組長を支える
17歳	翠石の苗字を組長にもらう
14歳	「翠石組」に入る

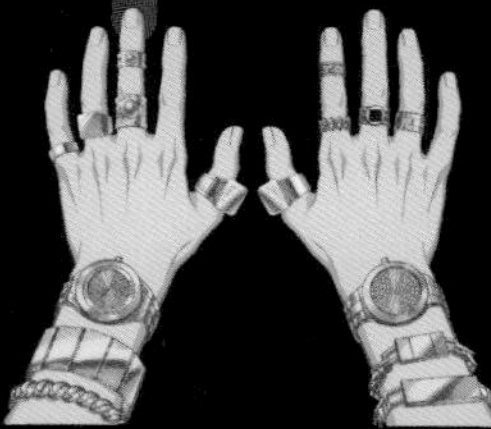

左手／アクセサリー（8個）リングが5個、腕時計が1個、ブレスレットが2個。
右手／アクセサリー（8個）リングが5個、腕時計が1個、ブレスレットが2個。

CHARACTER COLOR

MAIN #B74393

ファントメタル／五芒星ネックレス
法被の上につけている。

とある1日

00:00	キャバクラ「CANDY」の仕事
02:00	裏稼業
06:00	睡眠
12:00	起床
13:00	悪漢奴等メンバー全員で食事
14:00	街の散歩と住民たちとのコミュニケーション
15:00	休憩
16:00	事務所にて仕事
18:00	一度帰宅
19:00	夕食
20:00	仏壇の手入れ
21:00	入浴
22:00	高校生たちと会話
23:00	キャバクラ「CANDY」に顔出し

法被の裏地模様

法被の背中のエムブレム

右側の着物の裾はまくり上げて帯にいれている。

着物の柄②

駒下駄／木
形状は直角で上面はツヤのある黒塗り、裏は金地に虎のエムブレムが入っている。側面にはダイヤがちりばめられている。

持ち物CHECK!

- たばこ
- マッチ
- キセル
- 革財布
- 手帳

着物の柄①

Zen Gaho

雅邦 善

MC NAME：俄然

CV：志麻

弱きを守り強きを挫く熱血系ラッパー

PROFILE

身体が大きく、まっすぐで情熱的な性格をしている。少々空気を読めない部分もあるが、悪漢奴等の秩序を保つ要因となっている。もともとは警察官であったが、訳あって翠石と行動を共にすることになった。キャバ嬢たちのお悩み相談相手。

年齢……27歳
身長……188cm
血液型……A
誕生日……1月1日
職業……キャバクラのボーイ
趣味……柔道、落語
弱点……ウソをつかれること
好きな食べ物…高タンパク・低カロリーな食品
嫌いな食べ物…ジャンクフード
休日の過ごし方…ジムで筋トレ

- 27歳 現在
- 25歳 「翠石組」壊滅
- 21歳 「翠石組」に加わる
- 19歳 筋トレに目覚める
- 18歳 警察官になる
- 0歳 落語家一門に生まれる

CHARACTER COLOR

MAIN #7AAFAE

とある1日

00:00	キャバクラ「CANDY」の仕事
02:00	帰宅
03:00	睡眠
08:00	起床
08:30	ジム
10:30	プロテイン補給
11:00	入浴
12:00	ご飯作り（高タンパク）
12:30	依織・北斎・玲央を起こす
13:00	悪漢奴等メンバー全員で食事
14:00	街の散歩と住民たちとのコミュニケーション
15:00	事務所にて仕事
16:00	食事（高タンパク）
17:00	キャバクラ「CANDY」開店準備
18:00	キャストの出迎え
19:00	始業会・食事（高タンパク）
20:00	キャバクラ「CANDY」の仕事

持ち物CHECK!

- フェイスタオル
- プロテイン・シェイカー
- プロテイン
- 各種サプリメント
- ジムウェア
- ジムシューズ
- グローブ

ファントメタル／手錠型ブレスレット

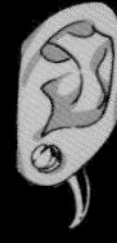

両耳共通ピアス

ハーネス／革

つなぎ／綿
両袖をやや左寄りに腰でしばっている。フロントファスナーがへそあたりまでついている。ボタンはなし。上半身に胸ポケットが2つある。

ブーツ／皮
ヴィンテージ感のある、ツヤが弱く色にムラのある革。サイドファスナーがある。

Hokusai Masaki

征木北斎

MC NAME：風来BOY

CV：土岐隼一

猫をこよなく愛する無口天然系ラッパー

#優しい巨人

#無意識なでなでマシーン

#隠れ美男子

友達をいじめる奴らは……許さない。

PROFILE

ミステリアスな雰囲気を纏った青年。父親が服役しており、寂しい青春時代を余儀なくされていた。ストリートに暮らす野良猫を自分に重ね、猫をかわいがるようになる。とある騒動の中、翠石に拾われ悪漢奴等に加入。誤解されることも多いが、心優しく穏やかな性格。

年齢	24歳
身長	193cm
血液型	AB
誕生日	3月3日
職業	定時制高校生
趣味	猫と遊ぶこと
弱点	孤独になること
好きな食べ物	氷砂糖
嫌いな食べ物	なし
休日の過ごし方	動物と戯れる

- 24歳　現在
- 22歳　「翠石組」壊滅
- 18歳　ホームレスになっていたところを依織に拾われる
- 15歳　友人ができず、動物を愛でるようになる
- 13歳　父親の罪が原因でいじめが苛烈になる
- 3歳　父親が殺人罪で服役

CHARACTER COLOR

MAIN #9ECA31

とある1日

00:00	宿題
01:00	入浴
02:00	睡眠
13:00	悪漢奴等メンバー全員で食事
14:00	動物・リュウと戯れる
16:00	登校
17:00	授業
22:00	遊び・ゲーム

持ち物CHECK!

- 財布
- 猫の餌
- ビニール袋（猫用）
- ゲーム

ファントメタル／
虎さん
グローブ

左耳
ピアス（6個）

右耳
ピアス（3個）

ロングジャケット／
ナイロン　緑のラインはプリント。フードがファスナーで着脱可能。ファスナーや袖のベルトの金具は赤。フロントファスナーのタグは2つ。

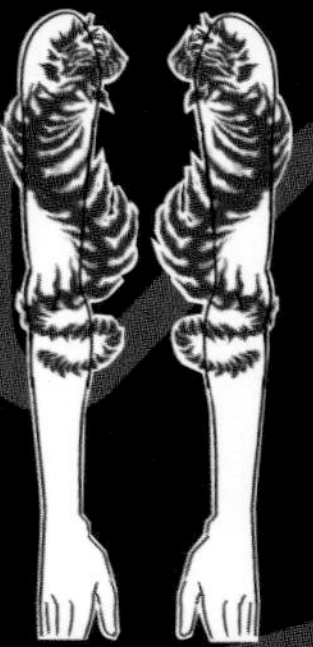

両腕／虎のタトゥー　肩口から肘下あたりまで両腕に左右対称の虎が彫ってある。

スポーツパンツ／
ポリエステル　腰にはウエストバンドがあり、調節紐は抜いている。左右にポケットあり。裾にファスナーがあり、やや開けている。

スポーツシューズ／
靴底以外はメッシュ素材。

Satsuki Ito

伊藤紗月

MC NAME：臥威亜

CV：畠中 祐

喧嘩上等 悪羅悪羅系 ラッパー

PROFILE

自分の身内以外には誰に対しても常に文字通り喧嘩上等スタイル。悪ぶってはいるが、根は素直で良い青年。親友に裏切られた過去があり、かなり荒れていたが、そんな時翠石に拾われ慕っている。MC名のガイアが女神の名だということを本人は知らない。

年齢……19歳
身長……(公称)170cm
血液型……A
誕生日……5月15日
職業……定時制高校生
趣味……テレビゲーム
弱点……下ネタ
好きな食べ物…肉
嫌いな食べ物…チョコミント
休日の過ごし方…漢を磨く！

#思春期真っ最中

#童貞疑惑全否定

#ピュアヤンキー

19歳	17歳	16歳	15歳	14歳	11歳
現在	「翠石組」壊滅	「翠石組」に加わる	出所するも、実家はもぬけの殻。喧嘩に明け暮れる	友人の乱闘に巻き込まれ、少年院へ	家庭環境の複雑化

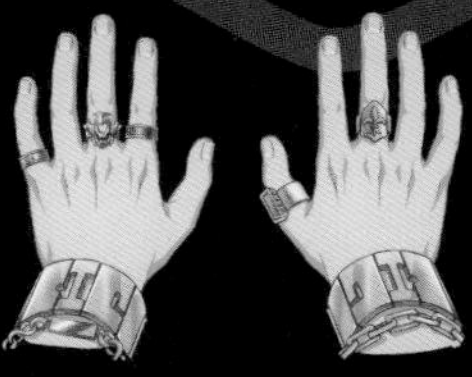

左手／リング（3個）、ブレスレット（2個）
右手／リング（2個）、ブレスレット（2個）

CHARACTER COLOR

MAIN #F0831E

ファントメタル／バタフライナイフ

とある1日

00:00	宿題
01:00	睡眠
08:00	起床
08:30	ジム
10:30	プロテイン補給
11:00	入浴
12:00	善の家事手伝い
13:00	悪漢奴等メンバー全員で食事
14:00	皿洗い
15:00	事務所にて手伝い
16:00	登校
17:00	授業（睡眠）
22:00	遊び・ゲーム

キャップ／綿
ツバの裏にトライバル柄が入っている。後ろの調節具はベルト。

左肩／タトゥー
左胸から左肩を通って肘下まで彫ってある。

ベルト／皮
タンクトップの下にベルトをつけている。B-Gのバックルがついている。

ハーフカーゴパンツ／綿
フロントファスナーがあり、両サイドにポケットあり。

ズボンの柄

スポーツシューズ／
靴底以外は合皮。

持ち物CHECK!

- 財布
- 教科書
- 漫画
- ゲーム
- いつかのガム
- イヤホン
- 制汗スプレー

Reo Maruyama

円山玲央

MC NAME：REOくん

CV：矢野奨吾

元気印の感情爆発系ラッパー

#あざと可愛さの極み

#表情七変化

#アニキのカードで重課金

この世で僕がいっちばーんすごいの！

PROFILE

とにかく元気な末っ子気質。喜怒哀楽がモロに顔に出るタイプ。甘え上手でぬるりと人に仕事を押し付けるのが得意。かつては豪邸に住んでいたお坊ちゃんだが、とある事件を皮切りに家族がバラバラになってしまう。そんな中依織に拾われる。

年齢	17歳
身長	162cm
血液型	B
誕生日	7月21日
職業	定時制高校生
趣味	ゲーム全般
弱点	自分の言い分が通らないこと
好きな食べ物	オムライスとチョコレート
嫌いな食べ物	苦い物
休日の過ごし方	ゲーム！紗月と北斎と遊ぶ！

- 0歳　父親の影響でＨＩＰＨＯＰを聴いて育つ
- 10歳　母親が失踪。父親の放蕩度合いが加速
- 12歳　父親が借金を残して蒸発
- 14歳　依織に救われ、「翠石組」に加わる
- 15歳　「翠石組」壊滅
- 17歳　現在

CHARACTER COLOR

MAIN　#EC6D84

とある1日

00:00	入浴
01:00	宿題
02:00	スマホゲーム
04:00	睡眠
13:00	悪漢奴等メンバー全員で食事
14:00	お姉さんと遊ぶ
16:00	登校
17:00	授業（スマホゲーム）
22:00	遊び・ゲーム

持ち物CHECK!

- 財布
- ガム
- モバイルバッテリー
- 教科書
- 漫画
- ゲーム
- イヤホン

ファントメタル／
牙型ペンダント

パーカー
硬めの生地でフードが大きめ。紐はベルト風。

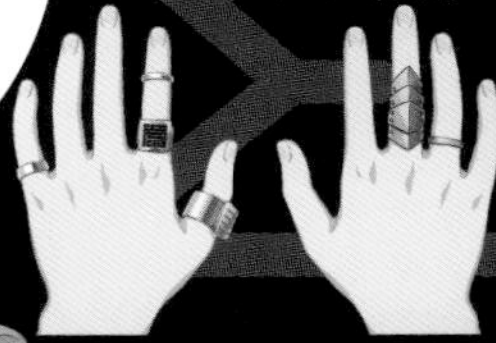

左手／リング（4個）
右手／リング（2個）

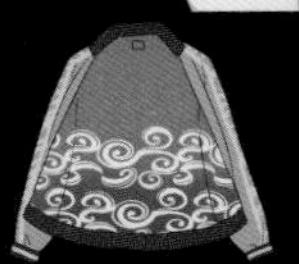

スカジャンの刺繍／
左右の胸にも左右反転したものが刺繍されている。背中の刺繍は色変更したもの。

スカジャン／ポリエステル
両胸と背中に刺繍がある。光沢のある生地。裏地は赤のグラデと渦巻模様。

オーバーオール／ダック地
硬めの生地で金具は金色。両サイドにポケットあり。お尻にも2つポケットがある。

スニーカーのロゴ

スニーカー

Paradox Liveの歩み

HISTORY

STORY.001

10年の時を経て突如復活を遂げた“CLUB paradox”。同時に、現代シーンにおいて最も注目を集めている4つのHIPHOPチームにステージバトルの招待状が届く。優勝したチームに与えられるのは100億円の賞金と、伝説のラッパー・武雷管への挑戦権。自己の証明、思い出の死守、成り上がり、家族の居場所……それぞれの理由を胸に各チームは大会への参加を決意する。今、誰も見たことのないバトルが始まる——。

STORY.002

ついに火蓋が切られた『Paradox Live』。「cozmez」の珂波汰は、トラップ反応中のアレンからファントメタルを奪い取る。壮絶な半生を送ってきた珂波汰には勝たなければいけない理由があった。弟の那由汰は兄の行動に動揺し、奪った物を返すように説得するが……。一方、知らせを受けたアンたちはファントメタルを取り戻すためスラム街へと足を踏み入れる。初戦から波乱の巻き起こるステージバトル。その勝敗は——？

STORY.003

悪漢奴等の依織にはとある目論見があった。その手掛かりを得るため、「The Cat's Whiskers」のいる「Bar4/7」に赴き、そこで旧知の仲である匋平と過去の思い出を語り合う。依織と匋平が過去にパートナーであったこと。数々の修羅場を潜り抜けてきたこと。思い出話の末、核心に迫る一同。果たして依織の目論見とは——複雑に絡んだ歯車が動き出す。

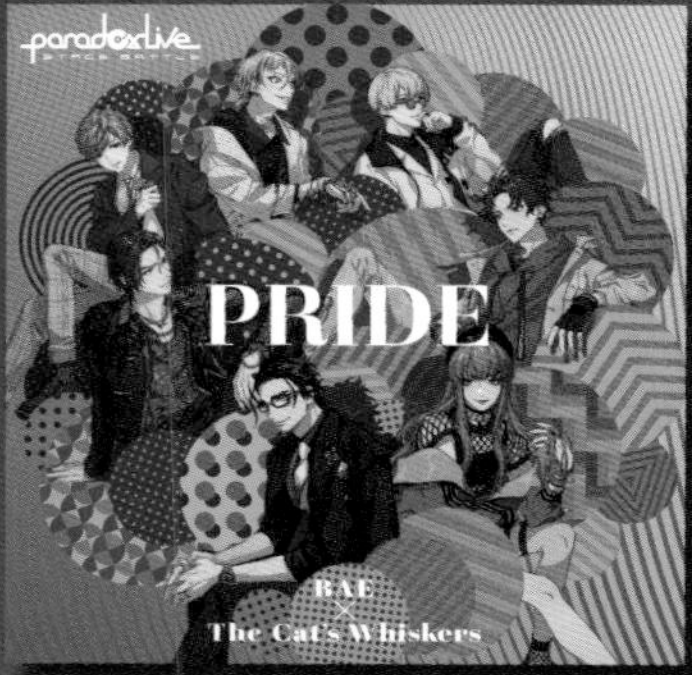

STORY.004

ステージバトル後、「The Cat's Whiskers」のもとを訪れた「BAE」。夏準の言葉をきっかけに、音楽性の違いによる衝突が生まれてしまう。直明が場を収めようとしたその時、リュウの放ったひとことが夏準を刺す。逆上し部屋を飛び出した夏準を追ったアレンとアン。その先で夏準の口から明かされる、過去の思い出、そしてトラウマ。彼らが抱える過去とは。そして、望むものとは——。

STORY.006

エキシビションマッチを前に、各々が思い思いのオフを過ごす。旧友と昔の話をする者、最愛の者に想いを馳せる者。素性の知れない人物を追いかける者、酒に溺れクダを巻く者。その巻き添えを食う者。思ってもいない仕事をさせられる者。それぞれの目的、想いが交錯する。束の間の休息に彼らが見る景色は——。

STORY.005

ステージバトル“FAMILY”を控えた「cozmez」と「悪漢奴等」。「cozmez」の珂波汰は突然那由汰を見失う。普段いるはずの場所にもどこにも見当たらず、最終的に「悪漢奴等」の面々を頼ることに。普段下げることのない頭を下げた珂波汰を目にした依織は那由汰の捜索に手を貸す。果たして珂波汰は無事那由汰と再会することができるのか——。

STORY.008

ついに訪れたファイナルバトル当日。緊張感とボルテージが最高潮に高まる中、ステージが始まる。順調にステージをこなしていく「BAE」だったが、そのさなか夏準の身体に異変が生じてしまう。これまで隠し通していたメタルの侵食が不運にもステージの最中に加速してしまった。急遽中断されたステージ。なす術もなく困惑するアレンとアン。果たして「BAE」の行く末はどうなるのか——。

STORY.007

四季は深い悩みを抱えていた。それは誰にも話せなかった、自分だけの闇。しかし、これまでの経験を通し、リュウにその秘密を打ち明けようとする。そしてリュウは四季の心に鋭く切り込んでいく。リュウの言葉に突き動かされた四季は、自らに対峙すべくスラム街の廃ビルへ向かう。四季の秘密とは、そして複雑に絡む愛とは——。

Exhibition Show

BAE

『Paradox Live Exhibition Show――BAE』
ISSAとのコラボレーション。
feat.楽曲は「P△R△DISE」。

The Cat's Whiskers

『Paradox Live Exhibition Show――
The Cat's Whiskers』
ミッチェル和馬とのコラボレーション。
feat.楽曲は「My Sweetest Love」。

cozmez

『Paradox Live Exhibition Show――
cozmez』
SKY-HIとのコラボレーション。
feat.楽曲は「Good Time」。

悪漢奴等

『Paradox Live Exhibition Show――
悪漢奴等』
倖田來未とのコラボレーション。
feat.楽曲は「EMPEROR－WE ON FIRE!! －」。

NOVEL
短編小説&漫画
やっぱり良い曲を作るには……
まずはボクたち自身の絆が大事だと思いますね。
BAE ベイ
Paradox Live

くそ、また遅刻だ。アレンは汗だくのまま深呼吸し、スマホで時刻を確認した。授業開始からまだ三十分経っていないので、今入室してもぎりぎり出席扱いになるはずだ。なるべく音を立てないように慎重に扉を開ける。階段状の大教室をぐるりと見渡せば、見知った二人の後ろ姿がすぐに目に入った。

あいつら、ただでさえ目立つのに、よりによって教卓の真ん前の席座ってるよ……。

最前列の三人席に陣取っている夏準とアンは、二人とも隙のないコーディネートでバッチリ決めていて、目立つどころかはっきり言って浮いている。ったく、夏準のやつ、教室ではサングラス外せよなあ。

遅れてきた身で最前列まで行くのは気が引けるが、慌てて家を飛び出てきたせいで資料をすっかり忘れてきたことを考えると、あの二人の席を目指すしかない。

ほかの学生の視界を妨げないよう前屈《まえかが》みになって通路を歩き、こそこそとアンの隣に腰を下ろした。西門教授はこちらをちらりとも見ずに講義を続けているが、アレンの遅刻には間違いなく気づいているだろう。声を出さずに口のかたちだけで「おっそーい」と言うアンに、「悪い、資料見せて」と小声で頼むと、露骨に嫌そうな顔をしつつもレジュメをアレン側に寄せてくれた。ようやく一息ついたアレンは、リュックに入れっぱなしだったルーズリーフを取り出して、まったく話の流れがわからないままになんとなくノートを取り始めた。

休み時間のカフェテリアは学生でごった返している。行き交う学生たちの多くがアンと夏準に視線を奪われてゆく様を見るのにも、もう慣れた。

「アレン、ま～た徹夜で作曲してたの？　最近多くない？」

資料の見返りに奢らされたスムージーを啜《すす》りながらアンが言う。

「ああ……いいトラックが浮かんでつい夢中で……。それより、おまえらも同じ授業とってるんだから一声くらいかけてくれてもよかったのに」

アンは、スムージーの容器をべこっと握り、不服そうな顔をした。

「一声かけたっていいけど、それでアンタが素直に起きたためしある？」

「そ、それは……ない」

遅刻した分の板書《ばんしょ》をアンのノートを見ながらせっせと写してはみるものの、複雑な用語や理論が多く、はっきり言ってまるで意味がわからない。

「うぅ、難しいなあ」

苛立ち紛れに右手に握った深い赤のボールペンをくるくるとまわす。ペンケースを忘れた日に購買で見つけて適当に購入したものだったが、軸の部分が自身の髪と似た色をしているので、自分の分身みたいに思えてわりと気に入っていた。一昔前に流行《はや》った消せるタイプのボールペンで、後部付属のラバーでこすると摩擦熱で文字を消すことができる。ありふれた安物だが、このペンを使うとなんとなくよい歌詞が書けるような気になるのだった。

「あ、今、なんかいいリリック浮かびそう……」

リュックからリリックノートを取り出そうとすると、またＨＩＰＨＯＰの話か、とげんなりした顔のアンに「いいからさっさと写しなよ！　休み時間終わっちゃうよ!?」とたしなめられた。

「まったく……こんなことで来週の実力テストは大丈夫なんですかねえ？　落第しても知りませんよ？」

夏準の言葉に、アレンはぽかんとした顔をする。

「実力……テスト？」

「……アレン、アンタまさか、実力テストがあることすら知らないの？」

「……それが、さっぱり」

夏準とアンは顔を見合わせ、やれやれと首を振る。

「そういえば、実力テストの告知があった日の授業もアレンは寝坊して欠席していましたね」

「アンタってやつは……」

確かにそういった内容のリマインドメールが大学から届いていたような覚えもないではないが、まるで気にとめていなかった。この出席状況で実力テストでもひどい点をとったら、いくら温厚な西門教授とはいえ、はっきり言ってかなりまずい。

どうする、俺。

「ボクのノートでよければお貸ししましょうか？」とにこやかに言う夏準の声に被せるように、「頼む！　アン！　このノート明日まで貸してくれ！」と両手を合わせて頼み込んだ。

「ほう。ボクのノートでは不足だと……」

夏準はアレンを見下ろして不満げな表情をしている。

「だって夏準のノート、時々韓国語でメモしてあるじゃん。とてもじゃないけど俺には読めないよ」

というのは建前で、夏準に借りを作るとどんな見返りを要求されるかわからず恐ろしいというのが本音である。

「仕方ないなあ。その代わり、今月いっぱいはおフロ掃除担当してよ」

「……はい」

「トイレ掃除も」

「……はい」

「肩もみ。荷物持ち。それから」

「わーかったわかった！　何でもさせていただきますから貸してください！」

夏準ほど冷酷ではないにせよ、なかなかに図々しいアンは満足げに微笑んで、「はい！　じゃあこれ貸してあげるから、さっさと写して返してね！」とアレンにノートを押しつけた。

「サンキュ！」

「はあ、ボクも今後は全部日本語でノートとるようにしましょうか。テストの度にアレンを奴隷にできる権利をみすみす逃す手はない……」

夏準の呟きが耳に入り、今後もできる限りアンの方にノートを借りることにしようと、アレンは人知れず心に誓った。

それから数日経ち、実力テストの日が刻一刻と迫っているが、一向にアレンからノートが返ってくる気配がない。そろそろ自分も勉強を始めようかと思い立ったアンは、リビングで雑誌を読んでいる夏準に尋ねた。

「夏準、アレンどこ行ったか知ってる？」

「さあ。コンビニか、それかまたレコード屋巡りでもしているんじゃないですか」

「あのＨＩＰＨＯＰバカ、言語学のノート借りたことすら忘れちゃってんじゃないの？　さっさと写してすぐ返せって言ったのに……。探してくる」

「おや、自分は勝手に部屋に入られると烈火のごとく怒るというのに……」

夏準の嫌みを無視してアレンの自室にずかずかと足を踏み入れる。不潔ではないが、そこかしこにレコードが積み重なっていたり、パジャマが脱ぎっぱなしになっていたりと、かなり散らかっている。作曲機材が幅をきかせているデスクの上に散乱しているリリックの走り書きを軽くひっくり返すが、目当てのノートは見つからない。ふうむ、と部屋をざっと見渡すと、アレンが普段持ち歩いているリュックが目に入った。

「アイツのことだから、ずっとリュックに入れっぱなしにしてるんじゃないの？……ほーらやっぱりあった」

リュックからノートを抜き取ると軽やかな足取りでリビングに舞い戻り、時計を確認する。あと三十分もすればアルバイト先であるキャバクラ「CANDY」へ出勤しなければいけない。

「あーあ、なんか小腹減っちゃった。夏準、何か食べるもんない？　太らないやつ」

「参鶏湯《サムゲタン》なら仕込んでありますよ。一人分温めましょうか？」

「やったあ～！　さっすが夏準！」

スタイルキープに気を使っている夏準がつくる食事はいつもヘルシーなので、アンにとっては大変ありがたいのだが、そういうことに無頓着なアレンは時々「食べた気がしない」などと言って夏準に怒られていた。

テーブルに置かれていた雑誌を我が物顔でめくり、モデルとして誌面に載っている夏準を見つけては「きゃー顔が良い」と囃《はや》し立てる。

「ぷぷぷ、よそ行きのスカした顔しちゃって～。あ、スカしてるのはいつものことか……」

「アン。そろそろ鍋が温まったのであとは自分で準備してください」

まったく相手にされないまま「はあ～い」と返事をして雑誌を閉じ、鼻歌を歌いながらキッチンへと向かった。

「熱いから気をつけて。そこにミトンあるから使ってください」

アンは夏準に言われるがまま両手にミトンをはめると、コンロの火を止めて一人用の土鍋を持った。

「あっつー！　夏準！　鍋敷きは～？　鍋敷きぃ……あっこれでいいか」

加熱した土鍋はミトン越しでも熱い。アンは熱々の土鍋を持ったままダイニングテーブルのあたりをしばしうろつき、先ほどまで読んでいた夏準の雑誌を鍋敷き代わりにしようとして――それはさすがに怒られるととっさに判断して、アレンの部屋から回収したノートの上に鍋を置いた。すぐさまミトンを外し、あっつう～、と熱を冷ますようにぶらぶらと両手を振る。

ノートを鍋敷き代わりにしたまま蓋《ふた》を外して参鶏湯を食べているアンを目の当たりにして、夏準は「なんてガサツな……」と呆れ顔で呟いた。そんな視線は知ったこっちゃないと食事を終え、「あ～おいしかった～。汗かいたあ。ごちそうさま」と満足げに土鍋を片付けると、鍋敷き代わりにされてしまった不憫《ふびん》なノートを何の気なしにぱらぱらとめくった。

「……え？」

血相を変えてノートを閉じ、素早く表紙を確認すると、乱暴な手つきで最初からページをめくる。

「……このノート、僕のじゃない」

異変に気付いたアンの背中を、先ほどとは違う種類の汗がつたう。大学の購買で売っているありふれたノートだったから、どうやら取り違えてしまったらしい。しかも……

「これ、アレンのリリックノートだ……それに……どうしよう、夏準」

眉を八の字にしたアンが弱ったうさぎのように夏準の方を見る。

「アイツ、よりによって消せるボールペンで歌詞書いてたみたいで……あったかいお鍋置いたら、字が消えちゃった」

震える手でページをめくり、被害状況を確かめる。熱い鍋に接していた面に近いページの文字はあらかた消えてしまっていた。特に最初の数ページがひどい。鍋底のかたちに空白ができてしまっている。かすれた文字がうっすら残っている箇所もあるものの、とてもじゃないが読める状態ではない。アレンが愛用している赤いボールペンを思い出す。そうだ、あれは熱で消える仕組みのペンだったのだ。どうする？　どうしよう？　あのＨＩＰＨＯＰバカにこのことがバレたら。大事なリリックノートを鍋敷きにしたなんて。しかも、歌詞を消しちゃったなんて。いつも徹夜で曲作りしてるのに。あんなに恩着せがましくノート貸したのに。アレンが僕の部屋に勝手に入ったらいつも超怒ってるのに。

バツが悪い！

「おやおや、アレンの命の次に大事なリリックノートをだめにしてしまったんですか？　いけない子ですねえ」

おそろしく意地の悪い笑みを浮かべている夏準の表情を見て、この失態をこいつにだけは知られてはいけなかったと遅まきながら察した。

やばい。どうしよう。この状況をどう打開したらいい？

「アン、こんな時に申し上げにくいですが、そろそろ出勤のお時間じゃないですか？　売れっ子キャストはお忙しいですね」

「……っ」

慌てるな。考えろ。アンはスマホでだだだだだとノートの復旧方法を検索し始めた。だいたい大事なノートなら消せるボールペンなんかで書かないでよ！　あのバカ！　検索結果を信頼できそうなページから順に開いていく。普段は快適に感じる通信速度が今日はやけに遅く感じる。ざっと目を通して、どうやら熱で消えてしまった文字は冷やせば元通りになるらしいことを知る。何だ、思ったより単純じゃん！　そうとわかればすぐさま冷やそうととっさに冷凍庫を開けるが、そこにはアレンのアイスがぎっしりと詰まっていた。ここに放置しておくのは得策ではない。僕が不在の間にアレンがここを開けるかもしれない。腹いせに、いちばん高級そうなカップアイスをひっつかんで強めに冷凍庫を閉めた。

「デザートタイムとは、またずいぶん余裕ですねえ。アレンが大事にしているものをだめにしてしまったというのに……」

「……夏準」

アイスの蓋をぺりぺりと開けながら口をとがらせる。

「何ですか？」

「アレンに言わないでよ……言わないでください」

「何を？　アレンが買いだめしたアイスを勝手に食べていることですか？」

「違う！……もういい！　行ってきます！」

せっかくヘルシーな食事をとったのにこれじゃ意味ないじゃん、と投げやりな気持ちになりながら、すさまじいスピードでアイスを食べきったアンは、アレンのノートを持って忌々しげに家を出た。

ここなら、アレンと夏準の目は届かない。アンは例のノートをプラスチックバッグに密閉すると、キャバクラ「ＣＡＮＤＹ」に到着するや否やキッチンに入り込み、ボーイの善に怪訝《けげん》な顔をされながらも冷凍庫にノートを放り込んだ。ここでノートを冷やして文字を復活させ、アレンが寝静まった頃を見計らって何食わぬ顔でリュックに戻せばいい。簡単なことだ。ああでも夏準、あの男が何をしでかすかわからない。もっと念入りに口止めしておけばよかったか。

切り替えないと。僕は「ＣＡＮＤＹ」ナンバーワンキャストなんだから。メイクを入念にチェックして、鏡に向かってにっこり笑ってみせる。善に「三番テーブル、お願いします」と指示されると、「はーい」と軽やかにフロアへ出た。

「……なんってできみたちがいるワケ？」

指定されたテーブルに足を運べば、そこには足を組んでにやにやと笑みを浮かべている夏準と、その隣で居心地悪そうにしているアレンの姿があった。

「ずいぶん無愛想なキャストさんですねえ？　一体どういう指導を受けているんだか……」

「からかわないで！　こっちは真剣に働いてるんだから。もう、ふざけないでさっさと帰ってよ！」

「何か勘違いされているようですが、ボクらはまるでふざけていませんし、真剣にゲストとして楽しみに来たのですが……アンがそこまで言うならお暇《いとま》しましょうかねえ。せっかくたまにはゆっくりシャンパンでも飲みたいなと思ったのですけれど」

シャンパンと聞き、アンの目の色が変わる。

「仕方ないなあ、絶対一セットで帰ってよ？……それでは、どちらのシャンパンにいたしましょうか？」

「そうですねえ……アレン、どれが飲みたいですか？」

「ええ……俺は、コーラとか……いや、むしろ水……」

メニューを見て目を泳がせているアレンを無視して、夏準はこともなげに高級シャンパンを注文した。

「わーんありがとうございまーす♡」

アンは二人の間に滑り込み、覚悟を決めた。どうせなら、このボンボンから搾り取ってやろうじゃないの。

「なんか落ち着かないな」

夏準に言いくるめられて連れてこられたらしいアレンは、きょろきょろと周りを見渡しては物珍しそうにしている。

「まあまあ、たまにはこういう華やかなところに来てみるのも作曲の刺激になるんじゃないですか？どうです？　インスピレーションがわいてきませんか？」

「いや……今は別に……」

「もしリリックがおりてきたら……ボクにかまわず遠慮なく書き留めてくださいね。この場で」

「あ、あぁ。ありがとう」

「ところでアレン、いつも持ち歩いているリリックノートは今日も」

アンは慌ててグラスに酒を注ぎ、二人の会話を遮った。

「はいはいはい、かんぱーい♡　んーおいしーいやっぱり良いお酒は違うね！　さっすが夏準！　ほらアレンも飲んで飲んで！」

「？……あ、あぁ……」

その後も夏準は、リリックノートの話を持ち出したかと思えば唐突に話をそらしたりするので、アンは常に気が気でなく神経をすり減らしていた。冷凍庫にどのくらいの時間入れておけば復活するんだろう。復活させたノートをうまくアレンの元に戻せたとして、夏準をどうやって言いくるめたらいいんだ？

一方で、ほろ酔いのアレンはいつにも増してＨＩＰＨＯＰ語りに熱が入っている。

「だからさ、俺が思うに、やっぱ胸に響くリリックっていうのはさあ……」

「うん、ほんとその通り。僕もそう思う」

アンはアレンの言葉などまるで頭に入ってこず、生返事を繰り返している。

「なあ、夏準もそう思うだろ？」

熱のこもった目でアレンに問いかけられると、夏準は「そうですねえ」と考え込む素振りを見せた。もったいぶるように足を組み直すと、まっすぐアンの目を見つめるので、思わずどきりとしてしまう。

「……やっぱり良い曲を作るには……ヘッズの心に深く届く曲を作るには、まずはボクたち自身の絆が大事だと思いますね」

夏準は、ゆっくり噛みしめるように、アンから目を離さずに言った。

「そう、たとえば、隠し事なんてせずに、お互いに真摯《しんし》に向き合って……信頼感を強めていくべきだと思うんです。それがゆくゆくは曲の力になる」

「夏準……」

アレンは、夏準の言葉に感動して打ち震えているが、アンは何も言えず、テーブルの下でぎゅっと自身の手を握っていた。

「そうだよな……まずは俺たちが団結して、最高の関係にならないと、最高の曲は作れないよな。夏準、おまえってほんと……クールなように見えて、実際、超アツい男だよな」

「いえ。アレンほどでは」

「感動した。俺、今……最っ高のリリックが書けそうな気がする」

アレンはそう言うと胸元のポケットから例のボールペンを取り出し、リュックの中をごそごそと覗き込んだ。

「あれ？　リリックノートがない。ノートノート」

「それは困りましたねえ。おや、アン、どちらへ？」

アンは返事をせずすっくと立ち上がり、ヒールを鳴らしてバックヤードへ走り去った。


キッチンでは、紗月が鼻歌を歌いながら冷蔵庫を掃除していた。調味料の蓋の部分を拭いたりラベルの向きを揃えたりとまめまめしく庫内を整えては、惚れ惚れするように軽くうなずく。見かけによらず、マメなところのある男なのだ。

「いやあ、紗月君、助かるよ。バイト代はきっちり出すからね」

「よっしゃあ！　ピッカピカにしてやるぜ!!」

お次は冷凍庫の整理に取りかかろうとドアを開くと、氷やアイスに混じって見慣れないプラスチックバッグがしまわれていることに気づく。一体何だってこんなところに……？　怪訝に思いながらバッグを開封し、ノートを取り出してページをめくる。

「……？　なんだあ？　このノート……」

その多くは走り書きで、ところどころ英文も混じっておりいったい何のノートだかよくわからないが、見覚えのある「ＳＵＺＡＫＵ」という名前に目がとまった。

「善兄このノートって――」

「あー！　それ僕の！」

大声に驚いて振り向いた紗月のもとに、アンが長い髪をなびかせて――心なしか血相を変えて――つかつかと歩み寄ってきた。

ドレスに身を包んだアンは、ステージで見る装いとはまたひと味違って美しい。紗月は動揺を隠して、さらりと言ってやるつもりだった。よう、アン。キレイだぜ。言うんだ、俺――

「……あ、っと……、き……」

「……？」

「…………」

アンは、言葉の出なくなってしまった紗月からプラスチックバッグを受け取ってぱらぱらと中身を確認すると、意を決したように颯爽《さつそう》とフロアへきびすを返した。

「……善兄……」

アンの姿が見えなくなってようやく硬直の解けた紗月は、ため息をひとつついて善に問いかけた。

「あれってやっぱ……交換日記ってやつすかね？」

「……は？」


ノートを手にしたアンが駆け足でフロアに戻ってくるのを見て、夏準は薄く微笑んだ。

（やれやれ、やっとアンも素直になれそうですね）

「アレン、これ」

神妙な面持ちで、アンがアレンにノートを差し出す。

「俺のリリックノート……何でここに？　つか、冷てえっ！」

状況が飲み込めないまま、冷たさに驚いて思わずノートから手を離したアレンに向かって、アンは顔の前でぱんっと両手を合わせた。

「アレン、ごめん！　そのノート、勝手に部屋に入って取ってきちゃったんだ。言語学のノート返してもらおうと思ったんだけど、取り違えちゃって……。し、しかも……なべ……」

ごにょごにょと言いづらそうにするので、「しかも、どうしちゃったんでしたっけ？」と横やりを入れてやる。

「だからあ、鍋敷き代わりにあっつい土鍋の下に敷いたら温まって文字が消えちゃったんだよ！」

「……へ？」

　アレンはわけがわからないといった表情をしている。消せるボールペンの仕組みについて説明すると、ようやく「ああ」と合点のいった表情になった。

「さっきまで冷凍庫で冷やしてたから、もうだいぶ復活したと思うんだけど……」

「なんだ、それでちょっと様子がおかしかったのか」

　アレンはほっと安堵の息をつき、ソファに深くもたれた。

「夏準もキャバクラとか得意じゃないだろ？　変だと思ったんだ」

（ほう、まるで気づいてないと思ってましたが、思いのほか鋭いようですね）

　夏準はすっかり侮っていたが、もしかしたらメンバーのことを最もよく見ているのはアレンなのかもしれなかった。

　アレンは気まずそうにしているアンの方に向き直って言った。

「そんなことくらい気にするなって。俺たち……仲間だろ？　それに、自分で生み出したリリックなんだから、トーゼン、ココに入ってるって」

　そう言ってこめかみのあたりをとんとんと指さすと、愛おしそうにノートを開き、「でもやっぱり、このノートは俺がＨＩＰ ＨＯＰと歩んだ歴史が詰まってるから、大事なモンではあるんだけどさ」と付け加えた。

「でも、おまえたちの方が大事だし！　当たり前だけど！」

「アレン……ほんとにゴメンね。大事なノートの上でご飯食べちゃったりして……」

「だから、もういいって。今日はおまえたちとじっくりＨＩＰＨＯＰの話できて楽しかったよ。夏準のアツい一面も知れたし。ていうかおまえ、ノート鍋敷きにするって……ガサツすぎだろ」

「なっ！　アレンにだけは言われたくない！　だいたいアンタがいつまでも僕のノート返さないし、部屋散らかしまくってるのが悪いんじゃん！」

「はあ!?　逆ギレかよ。そんなこと言うなら、今度俺がノート貸した時覚えとけよ」

「未来永劫アレンにノート借りることなんてありません～。成績落ちます～」

先ほどまでの真面目な雰囲気が嘘のように、アレンとアンはぎゃーぎゃーと言い合っている。夏準はその様子を微笑ましく眺めながら身支度をすると、「では、そろそろお暇しましょうか」とアレンに声をかけた。

帰り際、エントランスまで見送りに来たアンに「夏準、ありがとね」と小さく礼を言われた。

「何がですか？」

「……あんたってやっぱイケメンだね」

そのやりとりがまるで聞こえていなかったらしいアレンは、機嫌よさげに「あーなんか鍋の話してたら腹が減ったな。夏準、雷麺亭寄って帰らないか？」と言った。

「いえ、ボクはこの時間の炭水化物や油ものは控えているので」

「なんだよ、付き合い悪いな～。深めようぜ、絆」

「自分のスタイルを崩してまで迎合することが絆とは思いません」

アレンを冷たく突き放しながらも、夏準は口元の緩みを抑えきれずにいた。アレンとアンになら、自分の何もかもをわかってもらうことができるかもしれないという、心浮く予感が湧き上がってきたのだ。一人で抱えてきたほの暗い過去も、未だ癒《い》えない傷も——。チームメイトとして生活を共にしながらも、心のどこかで二人に明け渡せていない部分が夏準にはあったし、二人もきっとそうだろうと思う。今すぐには無理だろうけれど、いつか近い将来、自分のすべてをさらけ出すことができたら。そして、二人のすべてもわかってやることができたら。その時に生み出す音楽のことを思うと、夏準は柄にもなく、楽しみで胸が弾むのだった。

そして実力テストの朝、アレンと夏準とアンは、三人揃って大学への道を駆けていた。

「あーもう！　アレンがちっとも起きないから僕たちまで遅刻しそうじゃん！　やっぱりいつも通り先に行けばよかった！　汗だくのまま西門センセに会うのなんて耐えられない！」

「ごめんって！　でもアンのノートのおかげでテストはどうにかなりそうだ。マジサンキューな！」

「…………」

「さっきから夏準が無言なのが、なんか怖いんだが……」

「このボクを朝から走らせるなんて……これでテストのパフォーマンスが落ちたら、アレン……わかってますね？」

夏準の低く冷たい声に怯《おび》えたアレンはスピードを上げ、二人を引き離しにかかった。

「無視ですか？　良い度胸ですね……」

「アレン！　待てこのバカ！　恩知らず！」

夏準とアンも続いてスピードを上げて追い上げにかかり、アレンのリュックをひっつかもうと手を伸ばすが、もう一歩のところでなかなか手が届かず、思わず顔を見合わせた。二人して走りながらアレンに手を伸ばしている状況がなんだかおかしくなり、どちらともなく笑ってしまう。気づけば三人とも大口を開けて笑いながら大学の門をくぐっていた。肝心のテストの出来は、西門教授のみぞ知る。

朱雀野アレン
音楽とHIPHOPをこよなく愛す男
目つきが悪く不器用ではあるが
本当は友達を作りたいらしい
俺この間幻影ライブ観に行ってさー
マジ熱かった!!
あれは観に行くべきだよ
…!
わ…
分かる!!
やっぱ幻影ライブって脳に直接響くというか…!音の一つ一つが心臓を刺激してくるあの感覚はやっぱ生じゃないと得られない感覚だよな!!
ペラ
ペラ
え…はい…
音楽ってサイコーだよな!!
しゅばっ
それでこれはちょっとした豆知識なんだけど…
ペラ
ペラ
またコミュニケーション失敗した…
やっぱ俺相当目つき悪いんだな…
怖いと思うか?
いや
突然ガチオタに早口で語られる方が怖いんだけど

燕 夏準
その立ち居振る舞いから微笑みの貴公子と呼ばれている
しかし実際は――…
話題のホラー映画の配信始まったよ～！
みんなで観ようよ！
別にいいけど
……
ギャァァァァ
ガツッ
ヘルプミー!!
ギャーッ
ぐちゃっぐちょっ
バキッゴリゴリ
ギィィ
グチョッ
ウわあああああ
バキッ
…舐めてた
なかなかグロいな
きゃあああ
ぐちょぐちょ
ばきぼきッ
バキッ
ゴリッ
うわぁ
そうですか？
甘すぎますよ
ボクならあそこでピーしてピーッ
そしてピーしてから
精神的苦痛を与えますけど
かなりのサディストである
フッ
もう黙れ夏準!!
アレン泣いてんじゃん

アン・フォークナー
男も女も振り返る美貌の持ち主
しかし案外――…
くっそー悩む…
ショッピング
悩むくらいなら買えばよくない?
スパッ
後悔しないくらい着こなせば問題ないよ
この後どうしましょうか
はーい提案
歩き疲れたからカフェで休憩してからゆっくり帰ろ!
スパッ
おお…
行くよー!
ついてきて!
アンってなんつーか…
はっきりしているのでいつも迷いがないですね
チームで一番さっぱりしている

クリスマス
Merry Xmas
夏準にもプレゼント
え？
ありがとうございます…
正月
えっ年賀状？
おはよ…
何がおかしいんだよ
しかも手渡し…
メールでよくない？
一緒に住んでるし いいだろ
紙が基本だろ
アレンってマメだよねー
行事とか結構ちゃんとするし
バレンタインまで用意しだしたら笑ってしまいますけどね
あっはっは
そうなったら一周回ってかわいいよ
バレンタイン
これ…
二人に…
すこっ

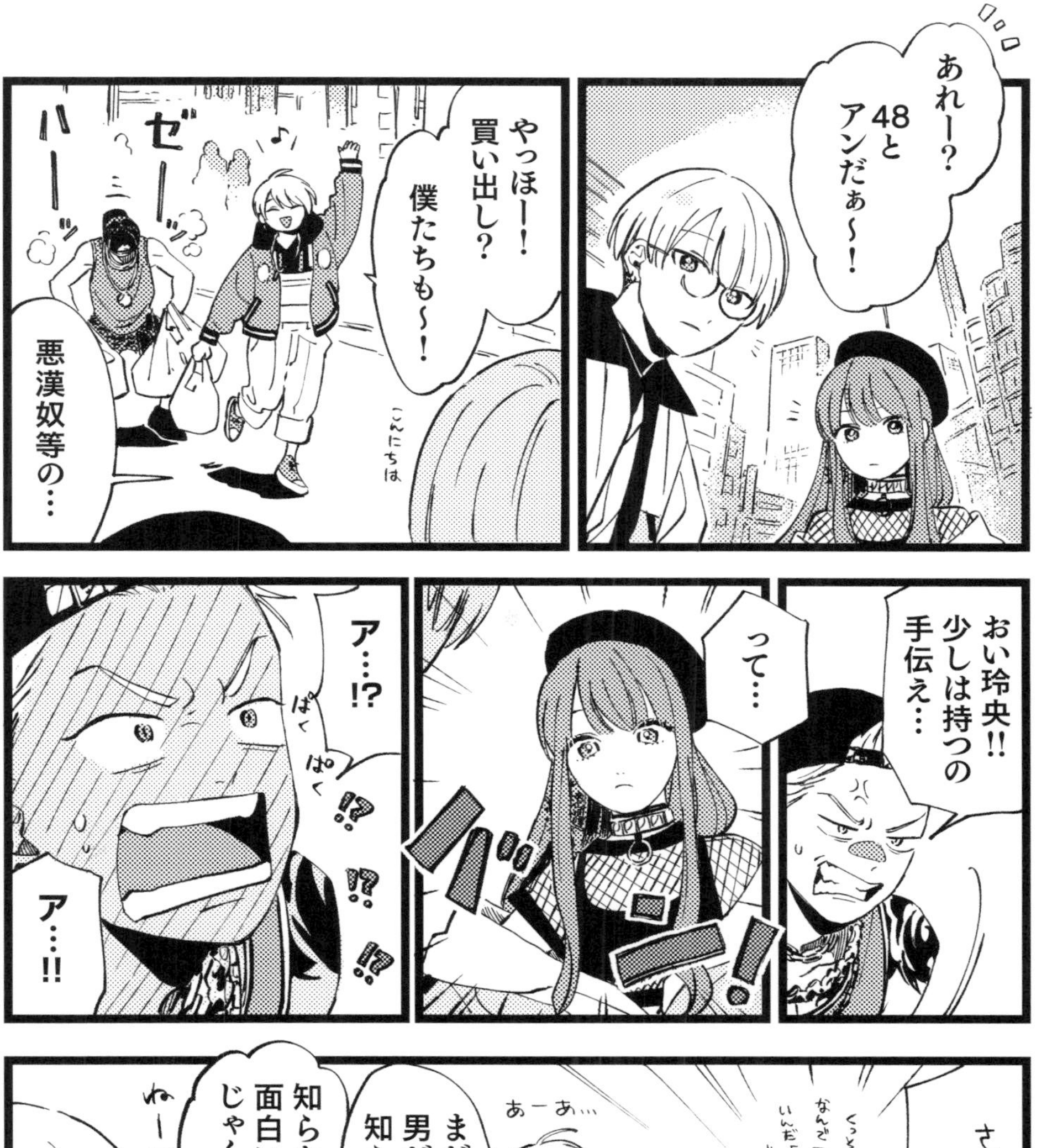
あれー？
48と
アンだぁ～！
やっほーー！
買い出し？
僕たちも～！
こんにちは
ゼーッ
ハーッ
悪漢奴等の…
おい玲央!!
少しは持つの
手伝え…
って…
バ!
ア…!?
ぱくぱく
!?
!?
!?
ア…!!
さ、先に帰ってっ
からなぁーー!?
くっそー！なんでアンがいんだよー!!
ビューーー
これだから
童貞は
あーあ…
まだ僕が
男だって
知らないの？
知らない方が
面白い
じゃん！
ねー♡
それには
賛同します

短編小説＆漫画
私は君に、自分も傷つかない道を歩んでほしいよ。
オーナー……
Paradox Live —— The Cat's Whiskers
ザ・キャッツウィスカーズ
The Cat's Whiskers

まだ二十二時前だというのに客はすっかりはけてしまった。話し声の途絶えた「Bar4/7」の店内に響くのは、ゆったりと心地よく流れるジャズ、神林が揺らすグラスの氷の転がる音、ソファ席で丸まっているリュウの微かな寝息、西門が長い指先で繰るペーパーバックの乾いた音。そして何より強い存在感を示しているのは、

「はあ……」

フロアで掃き掃除をしている四季の重く長い嘆息だった。

「はあぁ……」

神林がグラスをゴンッと強くカウンターに置いた。

「おい四季！　ため息ばっかつくな！　ただでさえ閑古鳥鳴いてんのにさらに辛気臭くなるだろうが」

四季はびくっと肩を震わせ、箒《ほうき》を胸に抱えた。

「ごっごめんなさ……」

リュウがソファからぴょんと飛び起きて怯える四季にまとわりつく。

「あっれ〜しっきーまあたため息ついてるのお？　天才バーテンダーリュウくんがスペシャルドリンクつくってあげようか？　それとも一緒に元気の出るダンス、するう？」

リュウは四季に顔を近づけ、大きな瞳をぱちぱちと瞬《しばたた》かせる。

「いやどっちも……大丈夫」

「名探偵リュウくん調べによるとー」四季の首元でくんくんと匂いを嗅ぐ。「ンー、先々週の木曜日から徐々にダウナーしっきーモードに突入しているであります！」

西門は手元のペーパーバックをぱたりと閉じて頬杖をつき、四季の方を心配そうに見やった。

「確かに最近少し元気がないみたいだね」

「えっ、いや、えっと……」

「いやこいつが暗いのなんていつものことだろ？」

「四季は感受性の豊かな子なんだ。そんなふうに言うものではないよ、匋平」

西門は神林をたしなめると四季の方に歩み寄り、その痩せた肩にそっと手を置いた。

「四季、何か心配事があるなら言ってごらん？　一人で抱え込むことはないよ」

西門の何もかも包み込むようなまなざしにひとたび見つめられれば、もはや四季には抗《あらが》う術《すべ》などなく、促されるままにおずおずと口を開く。

「じ、実は……」


「体育祭ぃ？」

神林は煙草をくわえたまま露骨に顔をしかめた。

「体育祭がユーウツでずっと気が重いってのか？　小学生かよ」

「うぅ……」

「匋平」

西門が再び神林をたしなめる。

四季の通う高校では一週間後に体育祭を控えており、運動の苦手な四季はクラスメイトに迷惑をかけるのでは、と不安でたまらないのだという。

「去年はどうしてたんだよ」

「きょ、去年は、えっと、その」

「しっきー、去年はおサボりしたんだもんね～？」

「じゃあ今年もサボりゃあいいんじゃねえの」

「去年は障害物競走だったから僕一人いなくても平気だったんですけど……今年は二人三脚リレーに出ることになっちゃって、当日サボるとペアの人とか、リレーのメンバーみんなが困ってしまうんです……。一人で走るのも苦手なのに、他人と足をくくりつけて走るなんてとてもじゃないけど……。なんだか去年のクラスよりみんな気合い入ってるし……僕みたいなのはついていけませんよ」

四季はうつむいて執拗《しつよう》に足元を掃きながら弱音を漏らす。

「しかも、ペアの人、お、女の子なんですよ……女の子と二人三脚なんて、絶対無理だ……」

今にも消えてなくなりそうな様子の四季を見て、西門はどうしたものかと小首を傾《かし》げ、腕を組んでしばし黙考する。そして、名案を思いついたとばかりに口角を上げると、高らかに宣言した。

「そうだ、明日はちょうど日曜日だし、みんなで練習するのはどうだい？」

突然の提案に四季は思わずうつむいていた顔を上げる。

「練習……？　でも、せっかくの日曜日にみなさんを付き合わせるわけには……」

「少しでも四季の気持ちが楽になるように精一杯協力するよ。もっと私たちを頼ってくれ」

「オーナー……！」

四季が目を潤ませて西門を見つめている傍《そば》で、リュウは「わ〜い練習練習〜！　リュウくんはスパルタだぞお〜！」と手足をばたつかせてはしゃいでいる。

「けっ、ご苦労なこって」と素知らぬ顔でウィスキーをあおる神林に、西門はすかさず「匋平、もちろんお前も来るんだよ」と釘を刺した。

「げっ……、マジかよ」

「当たり前だろう。そうと決まれば、少し早いけれど今日は店じまいにしよう」


翌日の日曜日は、小鳥のさえずるうららかな陽気に恵まれた。それぞれ異なる面持ちの四人は、「Bar4/7」からほど近い川に面した公園に集合していた。

「あ〜クソ、頭いてえ。俺は普段寝てるんだよこの時間……」

神林はポケットに手を突っ込んだままかったるそうにあくびをする。クローゼットの奥底から引っ張り出してきたというジャージがまったく似合っていない。眠たげな手元からは今にも煙草がこぼれ落ちそうだ。

「よし、まずはしっかり準備運動をしよう。本番前に怪我をしてしまっては元も子もないからね」

一方、日常的にジムでトレーニングに励んでいるせいか、西門のウェア姿は様になっている。四人は西門の指揮で園内を軽くジョギングすると、西門と神林、リュウと四季のペアに分かれてストレッチを始めた。

「いでででででで！」

西門は涼しい顔で神林の背中に強い負荷を与えている。

「ふふっ、ずいぶん身体が固いね、匋平。こんなことでは、そのうち身体を壊してしまうよ」

交代した神林は腹いせに自分も西門の背中を強く押そうと試みるが、日頃のトレーニングの賜物《たまもの》か、一切痛がる素振りを見せないのでまるでおもしろくない。

一方で、リュウと四季のペアからも悲痛な叫びが響いている。

「痛い！　リュウくん！　に、人間の肘はそっちには曲がらないんだよ！」

「あれえ？　そうだったっけえ～？　でもこっち側にも曲がった方が便利だと思うんだよねえ～」

このままだと練習するまでもなく体育祭に出場できなくなる……いや、いっそその方が楽かも知れない……加速する痛みの中でそんな考えが四季の脳裏をよぎったが、リュウのジャージの胸元からぴょんと黒い塊が飛び出したはずみで力が緩み、ほっと安堵の息をつく。

「うおっ！　リュウ、お前猫なんか連れてきてたのかよ！」

「だってえー、黒ぶち魔王ＤＸもしっきーを応援したいって聞かないんだも～」

リュウのジャージから飛び出した黒猫は機嫌良さそうに大きく伸びをし、一番懐いている四季の膝にひょいと飛び乗った。

「よしよし、いい子だね、クロ」

すでに疲労困憊《こんぱい》の四季は、黒ぶち魔王ＤＸ——リュウ以外はクロと呼んでいるが——の背を優しく撫でた。

「おい、何和んでるんだよ。今日はお前の練習なんだからな。四季！　リュウ！　こっち来てさっさと足出せ、足！」

神林はポケットから手ぬぐいを取り出すと、四季の左足とリュウの右足を器用に、そして力強く結びつけた。

落ち着きなくぐにゃぐにゃと身体を動かしているリュウの腰に、四季はおそるおそる手をまわしてはみたものの、どうにもしっくりこず、もぞもぞとまさぐるように手応えを探してしまう。

（なんだこの心許《こころもと》なさは……リュウくんには体幹という概念がないのか……？）

「やっだー！　しっきー、ずっと変なふうにさわるー！」

「ごめんごめんごめんごめん！」と四季は慌てて手を離す。

「お前、当日ペアの女子には絶対同じことするなよ……」

「し、しません!!」

「リュウ、ちょっと背筋伸ばせないか？　ピシッと」

西門のアドバイスに、リュウは「ぴっしー！」と声を出して背筋を伸ばすも、「ぴしー！　ビシー？ふにゅ〜ん。ピシーはきゅうくつだねえ」とものの数秒で再びぐにゃりと姿勢を緩めてしまう。

この際仕方ないと四季は腹を括《くく》り、何とか二人三脚を成立させようと試みる。

「リュウくん、いい？　最初はせーので左足から……あ、いや、僕の左足だからこの場合、つまりリュウくんの右足から……」

「何ぐだぐだ言ってんだよ！　つまり内側からだろ!?」

「そ、そう、リュウくん、こっちの足からせーので出して走ろうね」

「おっけーい！」

神林の声を背に受けつつ、ようやくスタートの構えをとる。覚悟を決めた四季はリュウの腰にまわした手に力を込め、大きく息を吸った。

「それじゃあいくよリュウくん……せーの！」

二人で控えめに踏み出した一歩目、まではよかった。

「アハハハハハハ！」

「……っ！」

手足をぐにゃぐにゃ振り回す奇妙なフォームとスキップのような不規則なリズムで駆け出したリュウに、四季はどうにかペースを合わせようと三メートルほど奮闘したものの、健闘むなしくべちゃりと正面から転んでしまった。

「あっれ〜、しっきーどうしたのお？」

リュウは自身の右足にくっついている四季が土まみれになっていることに数秒遅れて気がつくと、どうしてこうなっているのかわからないといった表情で不思議そうに顔を覗き込んだ。

「うぅ……」

「四季、怪我はないかい？」

西門は二人の足から手ぬぐいをほどき、四季の顔から土をはらってやる。

「ありがとうございます……大丈夫です……」

「ンーしっきーお昼寝したくなっちゃったのかなあ？　いいお天気だもんねえ～。たしかにい、リュウくんもちょっと眠くなっちゃったかもお」

リュウはそう言うと、なだらかな斜面になっている芝生の方へ歩いてゆき、黒猫の隣にごろんと横になった。

「自由か！」

「確かに、いきなりリュウがペアっていうのも難易度が高すぎたかもしれないな。旬平、代わってあげてくれないか」

「さっきから教授は見てるだけかよ」

「私と四季じゃあ身長が違いすぎて練習にならないだろう」

「けっ、いいご身分だな」

神林はいかにも面倒臭そうに煙草を携帯灰皿に押し付けると、しぶしぶ自分と四季の足首に手ぬぐいをくくりつけた。強度を確かめるように布を引っ張り、問題ないことがわかるとすくっと立ち上がった。

「いいか？　二人三脚つってもただ走るだけだろ。俺がリードしてやるからお前はとにかくついてこい。せーのォ！」

そう言って四季の返事も待たずに勢いよく走り出した。

「え……ちょ……マスター……速……ああああああああ！！！」

リードと言えば聞こえはいいが、ペアのことなどお構いなしに突っ走る神林に引っ張られるがまま四季は転ばないように必死でひたすら足を回転させる。急な坂道で後ろから強く背を押された時のように両足は自分の意思を離れていて、もはや引っ込みがつかず、たとえ止まれと言われても止まれない状況に陥っていた。

「平和だなあ……」

西門は芝生に腰を下ろし、黒猫を撫で抱えて四季が奮闘するのを眺めていた。持参したステンレスボトルを取り出し、コーヒーをゆっくり啜る。普段なかなか耳にすることのない四季の大声に耳を傾けながら、青空の下で飲むコーヒーの味わいに感じ入った。

「それにしても、あれで匂平に結構食らいついてるじゃないか」

そう感心したのも束の間、再び派手に転倒したのを見届け、西門はやれやれと力なく首を振った。

僕はいったい何をやっているんだろう。四季は半べそをかきながら、芝生に腰を下ろして神林の手作り弁当を食べていた。転んだ時に擦ったそこかしこがじんじんと痛む。あ、ジャージに穴開いてる……。あとで縫わなきゃ……。

「大丈夫かい？　四季」

弁当を頬張りながら西門が言い、四季は申し訳なさに身をすくめる。

「だからー、高みの見物してないで、午後はお前がペアになって指導してやれよ！　オーナーさんよお」

「そうしてやりたいのは山々なんだが、やっぱり身長差が大きいだろう。匈平と四季だってかなり無理があったじゃないか。一番体格の近いリュウはちょっと、フォームがユニークすぎるし……」

「そんなこと言って、お前実はとんでもない運動音痴なんじゃねえの？　その鍛え上げた筋肉はお飾りかー？」

「しっきー卵焼き嫌いなのお～？　リュウくんが食べてあげるねっ」

神林が西門を挑発しているのをよそに、リュウがひょこひょこと四季の弁当を覗き込むので、四季は慌てて自分の弁当を遠ざけた。

「リュ、リュウくんやめてよ！」

「リュウ！　お前は人のおかず欲しがってないで自分の弁当食え！　中身は同じなんだから。つうかお前っ、ウインナーは絶対カニ形がいいって言うからカニにしてやったってのにひとつも食ってねえじゃねえか！　二日酔いの中お前らの為に作ったんだぞ。ありがたく食わねぇとぶっ飛ばすぞ！」

「おや、私たちの分もカニさんにしてくれたのか。ありがとう」

西門は、しげしげとウインナーを眺め、感心したように言う。

「ちなみに、私は好きなものは最後にとっておくタイプだ」

「僕もですオーナー……！」

「は？　信じらんねえ。好きなものは一番腹減ってる時に食うのがうまいだろ！」

結局リュウは「きれいなきいろ！」と言って、四季が大事にとっておいた卵焼きを口に放り込んでしまった。

リュウと一つ屋根の下に暮らしている四季にとって、彼の奇行には慣れているし、今更どうってことない。それなのに、今日はどうしたことか、ぎゅっと唇を結んでいないと涙が出てしまいそうになる。

リュウからも弁当からも目をそらして、のどかな公園の景色をぼうっと見渡す。日曜の昼間から四人で公園にいることがひどく不思議に思える。自分たちは、家族でもなければ友達でもない。オーナーは普段、休日も論文の執筆に追われているし、マスターだって普段は明け方まで働いているのだ。平日弁当を持たせてもらっているだけで申し訳ないのに、日曜日の今日もマスターに四人分の弁当をつくってもらった上に、寝不足のまま練習に付き合わせてしまっている。オーナー、マスター、僕にはそんな価値はありません。四季の心を嘲笑うように空は青く、日差しは暖かい。やっぱり、体育祭の話なんてしなきゃよかったのかもしれない。このまま練習したからって上達するとも思えない。かといって、もう帰りましょうなんて言えるわけがない。せめて僕の背がもう少し高ければまだマシだったのだろうか……。僕って奴は、本当に、生きてるだけでみんなに迷惑をかけて……。

西門と神林は、まだおかずを食べる順番についてやいのやいの言い合っている。四季は太陽から顔を背けるように、体育座りしたまま足の間に頭を垂れた。リュウが四季のジャージにかぶり付いているのを感じるがまるで構う気力がない。

どうしたらいいんだ……。僕は……。

「あれ〜？　なになに、みんなでピクニック〜？」

項垂《うなだ》れている四季の耳に明るく跳ねるような声が響く。顔を上げると、玲央がにこにこしながらこちらを眺めていた。

「わっ。みんなで芝生でお弁当食べてる〜！　っていうか神林さん、ジャージ全然似合ってないね！ウケる〜！　写真撮っちゃお」

「おい、誰が撮っていいっつった。やめろ。つーか、こんなとこで何してんだ」

散歩だよ〜、この写真みんなに送っちゃお〜。とけらけら笑ってスマートフォンを操作している玲央に、西門ははっと思い立った表情で問いかけた。

「……ところで、突然おかしな質問をするけど、玲央くんの身長はどれくらいかな？」

西門は口元に手をやり、玲央の頭からつま先までじっくりと観察する。

「え？　僕？　一六二センチ！　かわいいでしょ！」

「ちょうどいい！　ちょうどいいよ玲央くん！」

がっと両肩を掴む西門の勢いに、玲央は明らかに引いている。

「え？　なになに？　どういう目線？　あの……ちょっと怖いんですけど……」


どうしてこんなことになっているんだ。

「せえ〜のォ！　いちに！　いちに！」

四季は、隣の玲央にリードされながら、掛け声に合わせて必死に足を動かしていた。時折鼻先を掠めるピンクがかった髪からは、これまでちょっと嗅いだことのない、ファンタジックないいにおいがする。見た目も声もポップで華やかな玲央が自分みたいな暗い人間と並んでいるのは、端から見たらさぞ滑稽だろうと思う。しかし、西門が言ったように玲央とは身長差もちょうどよく——そういえばペアの女子と玲央の体格はかなり近いようだった——こちらのペースにも無理なく合わせてくれるので、リュウや神林とは段違いに練習しやすいのは確かだった。

「ふう、全然ダメって言うからどんなもんかと思ったけど、しっきー、結構できるじゃん！　ちょっと休憩しよっか」

彼のように明るくてよくできた人間と、いったい二人で何を話せばいいのだろうか。助けを求めるように他の三人を見やると、玲央の登場ですっかり安心したらしい西門は猫とリュウを猫じゃらしで遊ばせているし、仰向《あおむ》けに寝転んでいる神林はタオルを顔にかけてぐっすり眠り込んでいる。もう自分に関心が向けられていないことを知った四季は、足元の手ぬぐいをほどき、玲央と二人で芝生に座り込んだ。

「ご、ごめんね、せっかくの日曜日に……」

「え〜？　散歩してただけだし全然大丈夫だよ。それに、定時制の生徒に体育祭ないの知ってるでしょ？　練習だけでも雰囲気味わえて、結構ラッキーって感じかも」

「あ、そうなんだ……」

悪漢奴等の玲央、紗月、北斎は、四季が通う高校の定時制の部に通っているのだった。四季の下校時は彼らの登校時と時間が被っているので、時折彼らが賑やかに歩いている姿を目にすることがある。

「おんなじ学校とはいえ、昼間と夜とじゃ全然違うよねー。でもまあ、僕は定時制の自由なとこが気に入ってるし。そもそも学校に通わせてもらってるだけで兄貴には大感謝だよ」

つっても、授業中はついついゲームばっかしちゃうんだけどさー！　と笑う玲央は、きっと自分のクラスにいたら人気者で、体育祭でも目立つ役割を担うのだろう。でも彼はそういう経験をすることができないのだ。

「定時制もさー、意外と課題とか多いんだよね。紗月なんていつもヒーヒー言ってるよー。ところでしっきーの得意科目って何？」

四季はうーん、としばし思い悩み、得意って言っていいかわからないけど、と前置きをしてから「数学、かなあ」と答えた。

「うっそほんとー？　僕、数学がいちばん苦手なの！　今度課題手伝ってよー！」

僕なんかでよければ、と言うと、玲央はヤッター！　と両手を上げて大げさに喜んだ。

「……えっと、僕、うん。がんばるよ」

四季はすくっと立ち上がり、玲央の方に向き直って言った。

「玲央くん、もうちょっと付き合ってくれるかな」

玲央もぴょこんと立ち上がり、ぐいんと伸びをした。

「よーし、もうひとがんばりやっちゃいますかー！」

一念発起した四季と玲央が熱心に練習している光景を遠巻きに眺める西門は、文庫本を片手に「青春だなあ……」と呟いた。

何度も転んだ傷がかさぶたになっていて痒いし、自分にハチマキはどうにも不釣り合いに思えて気が気ではない。体育祭本番を迎えた今日も、天気はすこぶる快晴だった。選手宣誓を上の空で聞きながら雲の動きを目で追う。準備運動のためグラウンドに間隔をあけて広がる時、不安そうにしているペアの女子と目が合い、お互いにわずかばかり首をすくめるような会釈をした。

あの後も、西門・神林ペアと競走したり（なぜか大人たちがえらくむきになっていた）、バトンの受け渡しの練習をしたりと、特訓は日が暮れるまで続いた。そのせいか、その後の体育の授業ではペアの女子に対する緊張も和らぎ、控えめにではあるが四季の方からアドバイスすることすらあった。

出場者に熱心にエールを送っているクラスメイトに混じって、プログラムが進行するのを見守る。

周囲がわっと沸いたので何事かと思えば、クラスの中心的存在の男子が一〇〇メートル走で一着をとったようだった。周りに合わせるようにして、小さく拍手のポーズをとる。

はあ、自分の出番まで気が気じゃない……午前中の種目でまだよかったかも。

「わ〜〜〜パンがたくさん飛んでるよお！　あれリュウくんも食べていいのお？」

緊張していたところに聞き慣れた声が響き、思わず耳を澄ませる。

「よくねえし、あのパンは飛んでるんじゃねえ。よく見ろ」

「リュウ、あれはパン食い競走という競技で、あのぶらさがってるパンに食いついて早くゴールした人が勝ちなんだよ」

「え～リュウくんも出た～い！　オリンピック目指そうかなあ。期待の新星リュウ選手、ふりかぶって……食べた～!!!!　ガブッ」

「いってーな！　俺を食うな！　クソ、四季がいねえと俺の負担がでかい！　つうかこの学校は喫煙所はねえのか喫煙所は」

　ついほころんでしまう口元を抑えきれず、クラスメイトに奇妙に思われないよううつむいて顔を隠した。今朝は、見に来るなんて一言も言ってなかったのに！　素知らぬ顔で送り出されたのに！

「ねえねえしっきーどこお？　いつ出るの～？」

「プログラムを見ると……、次の次の種目みたいだね。四季は緊張しているだろうから、こっそり見て帰ろうか」

　みんな、僕のことを思って黙っていてくれたのか。話し声がだんだんと遠ざかってゆくのを名残惜しく思う。

「応援団だ！　すごーい！　やっぱり夜間とは大違いだね。紗月ちゃ～ん、女の子たくさんいるよ？よかったね～ほらほら」

　声のする方を見ないようにしていたのに、聞き慣れた三人のものとは異なる声に思わずばっと振り返ってしまった。

「はあ!? べ、別に俺は体操服とかチアガールとかそういうのは別に興味ねえし! なあ北斎!」

「黒ぶち魔王DX、かわいい」

「北斎は女の子より猫に夢中みたいだね……」

どうやら、玲央も紗月と北斎を連れて応援にかけつけてくれたようだ。それに、リュウの上着の胸元にはクロまで顔を覗かせている。まさかこんなに大勢で見に来てくれるなんて。予想外のことにプレッシャーも増すが、四季は何より、自分がみんなの応援を嬉しく感じていることに、静かに驚いていた。幼い頃から運動が苦手な四季にとって、運動会や体育祭の類《たぐ》いは、一年で最も居心地の悪い行事だったのだ。

みんなが応援席へと向かう中、後ろを歩いていた玲央がこっそりこちらを見て微笑み、(がんばれ)と口のかたちだけで言うのがわかった。四季は控えめに笑い返すと、身体の脇で人知れず拳を握った。

いよいよ選手招集の時間がやってきた。クラスメイトに見送られながら、二人三脚リレーに出場する生徒たちと連れ立って集合場所に向かう。第三走者の待機場所に到着し、ペアの女子とお互いの足に結束ベルトを装着していると、「ねえ、もしかして、あれって闇堂くんの応援の人たち?」と尋ねられた。彼女が示す方を見やると、目に入ってきた光景に思わず項垂れる。リュウと悪漢奴等の三人組が、幼稚園児のような字で「しっき〜優勝!」と書かれた応援幕を掲げて飛び跳ねているのだった。その後ろには、穏やかに微笑んでいる西門と、呆れ顔の神林の姿もある。こ、こっそりとは……?

玲央は四季の視線に気づいたようで、ニヤリと悪い笑みを浮かべた。玲央くん、あなたって人は……。

四季は観念して、ふうっと深呼吸して言った。

「うん、そうなんだ。大げさで恥ずかしいけど」

彼らは赤の他人だとシラを切ってしまってもよかったが、四季はそうしなかった。恥ずかしさに消えてなくなりそうだけど、その一方で、彼らのことを誇らしく思い、自慢したい気持ちもまた強くあるのだった。

「素敵な応援団だね。がんばろうね」

そう小さく言われ、四季もうん、と小さくうなずき返した。

刻一刻と出走の時が近づいている。緊張は極限まで高まりきって、今はもういっそ落ち着いた心境だ。位置について、のコールの後にピストルの音が響き、第一走者のペアが走り出した。第三走者の四季たちも所定の位置につき、そっとお互いの肩に手を回す。僕らのクラスは、八組中三位という好順位で第二走者にバトンを渡した。第二走者のペアもペースを落とすことなく危なげない走りを見せ――四季たちはついにバトンを受け取った。

「せーの、いちに！　いちに！」

悪くない。練習通りどころか、これまでで最も息が合っているような気すらする。自分たちの前を走るペアの背中が目の前に迫っている。もしかして、僕たちが差を縮めている？　もうすぐアンカーにバトンを届けられる。もう少しで……。

応援幕を摑んだリュウと玲央は、「しっきーファイトー！」「頑張れしっきー！」と飛び跳ねていた。

「四季！　カマせ！　いけ！　ぶち抜かせ〜〜！」と拳を振り上げる紗月の傍らでは、北斎が応援幕に手を添えて真剣なまなざしでレースの行方を見守っている。三着でバトンを受け取った四季のペアは、目を見張るような速さではないが、息の合った足取りで順調に前を走るペアに迫っていた。

「なんだよ四季のやつ、かたちになってるじゃねえか！」

「すごいぞ！　四季！　頑張れ！」

興奮のあまり、応援幕を振り回しながらぴょんぴょん飛び跳ねていたリュウの後頭部が神林の口元に激突した。

「いってえな！　リュウ！　暴れるな！」

下唇に前歯を強《したた》かにぶつけた神林は頭に血が上り、リュウの頭を大人げなくパシンとはたいた。その拍子に、リュウの上着の胸元から黒い塊が飛び出し、鉄砲玉のように駆け出していった。

「く、黒ぶち魔王ＤＸ〜！」

そこからは一瞬だった。しかし、すべてがスローモーションにも見えた。

神林に叩かれた衝撃が伝わって何事かと驚いたクロは、最も懐いている四季目掛けて無我夢中で突進していった。それに気づいた四季は、クロを踏むまいととっさに足を外側へ大きくねじり、ペアの女子もろともバランスを崩して地面につんのめった。グラウンドに観客の悲鳴が響く。もうあと数メートルでアンカーにバトンを渡せるところだった四季は、ペアの子を庇うようにして——下敷きになるかたちで盛大に転倒したのだった。

「あいつ、そういうとこあるよな……勝負弱いっていうか……」

神林が遠い目で呟いた。

思えば、ちょっとうまくいきすぎていたのだ。

オーナー、マスター、それに玲央くん……非凡な人たちの手助けを受け、自分まで優秀になったと勘違いしてしまった。

膝や腕など、身体じゅうがじんじんと熱を持って痛い。かさぶたになっていた箇所の上からまた傷をつくってしまったので、養護教諭も顔をしかめていた。

二人三脚リレーは、僕たちの転倒をアンカーのペアも巻き返すことができず、結局最下位に終わった。保健室から戻ってきた僕は誰からも責められることなく、よくやったと言ってくれる人もいたが——閉会式の成績発表で、僕たちのクラスが総合二位であることが発表された瞬間、きっとみんなこう思っただろう。

あの時闇堂が転ばなかったら、このクラスが優勝だったんじゃないか？

今頃みんなは駅前のカラオケボックスだかファミリーレストランだかで打ち上げに興じているはずだ。闇堂くんもおいでよと社交辞令的に声をかけてもらえたけど、僕なんかが行けるわけない。たとえ転倒していなかったとしても、行くつもりはなかったけれど。

ペアの子に怪我がなかったのは不幸中の幸いだった。彼女がもし傷のひとつでもつくっていたらと考えると、想像するだけで恐ろしくて胃がひきちぎれそうになる。

やけに重たく感じる「Bar4/7」のドアを開けると、「しっきーおかえりー！」と勢いよくリュウが飛びついてきた。急な衝撃に思わず後ずさる。足元にはクロがまとわりついている。いつもは絞ってある照明が今日はやけに明るい。店内を見渡すと、普段とずいぶん様子が異なることに面食らう。壁にかけられている「しっきーよくやった」の幕も、漂っている甘ったるい砂糖のにおいも、すべてが「Bar4/7」の大人びた雰囲気に不釣り合いだ。

「なにぼーっと突っ立ってんだよ。さっさと荷物置け」

神林はぶっきらぼうに言い、おら最初の一枚だ！　とプレートをカウンターに出した。

「ホットケーキ……」

プレートには、焼きたてのホットケーキが湯気を立てていた。

何もかも失った四季が、西門に拾われた日。あの日つくってもらったホットケーキを食べて、これ以上おいしいものはこの世にないと心から思ったのだった。

「四季。よく頑張ったね」

西門がそっと四季の肩を抱いた。

「あの、でも僕、転んで、ビリで……せっかく練習に付き合ってもらったのに、ごめんなさい」

「いや、クロをちゃんと見ていなかった私たちの責任だ。せっかく頑張ったのに本当に申し訳なかった。それに、四季はとっさにクロとペアの子をかばっただろう。なかなかできることじゃないよ」

「誰かが目の前で傷つくよりは……自分が怪我した方がずっといいです」

照れ臭くなった四季は西門から目をそらし、足元のクロを優しく抱き上げた。

「四季は本当に立派だね。心優しくて、誰かのためになら、自分が傷つくこともいとわない勇気をもっている」

それに動物にも懐かれる、と西門はクロの喉元をくすぐった。

「でも、私は君に、自分も傷つかない道を歩んでほしいよ」

「オーナー……」

「お二人さん、しんみりしてねーでちったあ手伝ってもらえませんかねえ？」

二人の世界に入っている西門と四季に、キッチンでひたすらホットケーキを焼き続けている神林が茶々を入れた。

「リュウくんが焼いてあげよっかあ～？」

「いや、それはいい」

「ますたー……遠慮がち～？」

「いやマジで」

リュウと神林のやりとりを聞いて、西門と四季は顔を見合わせて笑う。

「ところで、リュウくん、さっきから僕のスマホでなに撮ってるの……？　あぁ……」

焼き上がったホットケーキを独自の感性で飾り付けたリュウは、四季のスマートフォンで何枚も写真を撮っていた。

「リュウくん……ホットケーキにタコっていうのはちょっと、どうなのかなあ……？　あとこの青いソースっていったい何？　そしてこの異様に鮮やかなグリーンのモコモコは……」

「えぇ～？　それはモチのロンで企業秘密～！　しっきー、知ったら生きては帰れないかもよお～？　それでも知りたいぃ？」

「いや、大丈夫……。うわあ、すごい枚数撮ってる……データフォルダが大変なことに……」

「せっかくだからみんなで写真撮影をしようか」

西門は四季からスマホを受け取ると、リュウ特製のホットケーキプレートを四季に持たせ、全員集まるよう声をかけた。

「そのおどろおどろしいホットケーキを囲んでか……？」

いいから、と西門に促された神林もしぶしぶキッチンから出てきて、どうにか四人で写真に収まる。

ほら、すごく良い写真じゃないか？　と西門が差し出すスマホの画面を覗き込んだ四季は、ホットケーキプレートを持って中心ではにかんでいる自分の顔を見て、なんだかずいぶん楽しそうだと人ごとのように思った。

ああ、それにしても、疲れたな……足が棒みたいだ。

四季はもうずいぶん長いこと、夜に満足に眠ることができないでいた。夜は重たくて長く、弱い僕はいつだって打ちのめされてしまう。それでも今夜だけは、馴染みの悪夢を追いやって、手足の心地よいだるさと甘い幸せの残り香とともに、朝までぐっすり眠れるような気がするのだ。

西門直明
昼は大学教授
夜はバーのオーナー
そして
もう一つの顔
それは…
しっきーしっきー！
リュウくんスペシャル
ドリンクだよ～ん！
のむぅ～～!?
おい
こぼすな!!
テメーで
掃除しろよ!?
ははは
君たちは
今日も元気
だね
ビクッ
ひぃっ
ブ
バシャアッ
匂平
掃除手伝って
やってくれ
へーへー
来い！
ったく
大丈夫
かい？
さっ
さっ
もう一つの顔…
それは
TCWの父である
にゃーん
ネコの
きもち～
はい…
はぁ
ちょっとびっくりして…

神林匋平
酒豪で喧嘩っ早く
昔は相当悪かったらしいが
そんな彼も
今は立派に――……
くおら!! リュウ!!
帰ったら手洗い
うがいしやがれ!!
あー
おい四季!!
弁当忘れんな!!
さっさと学校行け!!
あっ
今日の俺は
機嫌がいい
夕飯に食いたいもん
言ってみろ
ふ――
はいっ! はいっ!
いちごオレ
しゃぶしゃぶ
ホットケーキ…
匋平のナポリタン
が食べたいな
TCWの
母をしている

棗リュウ
面白ければ何でもいいようだ
謎多き彼には規格外な所がたくさんある
一つの例を紹介しよう
おやすみリュウくんのおじかんでーす!
ピコーンッ
すやぁっ
zzz !!!
え? ええっ
ぐがーっ
むにゃむにゃ
ぐぉーーンゴッッ
すやすや。。。
すぴー
zzz
あいつまだ寝てんのか
3日目だぞ!?
次に目を覚ました時4日間起き続けた記録がある
ほら見てしっきぃ~お~ば~けだよぉおお~
生活リズムについてけねーよ
うん…

闇堂四季
消極的で引っ込み思案
自分を拾ってくれた西門を恩人として慕っている
はぁ…
でもオーナーは僕のこと邪魔に思ってるかもしれない…
僕にできるのはサボテンの世話くらい…
…!
オーナー見てくださいサボテンに花が…
綺麗だね
サボテンに花を咲かせるのは難しいんだよ
四季が毎日大切に世話をしてくれたおかげだね
……
ジーーん
今日はほんの少し不安から解放された四季でした

……何してんだ
ここは保育園か!?
お邪魔してます
どーーん!
ふーちゃんはリュウくんとあそんでるんだよーん
猫の絵を描き合ってる
ウキーッ
パオーン
ぎゃおん～
やっぱ保育園じゃねーか
テメーは動物園か!!
うるせぇ!!
実は絵は得意な方
ってウマッ!!
ヒヒーン!!!
ウマ馬!!
リュウくんが描いたのはコレー!!
どれ……
!?
あっれ～～?
石になったの?ますた～!
ピシッ
リュウの絵はすごい力を持っているね
すごいすごい
よしよし
だしょ～?

NOVEL&COMIC
短編小説＆漫画
俺たち、二人なら何だってできる気がする。
Paradox Live
cozmez
cozmez
コズメズ

ひとたび布団を出れば、屋内とは思えないほど部屋は寒い。

那由汰が深い眠りについた頃、起こさないようにそっと起き上がった。クソ、このボロアパート、ぜってえどっか穴開いてるだろ。どうにか修理できねえもんかな……。自分よりも少し寒がりな、平たい布団の中で丸くなって寝ている片割れを見やり、乱暴に靴を履いて家を出た。

翠石は近頃なぜか報酬を弾んでくれるが、それはそれとして容赦がない。今日も寒空の下を一晩中駆けずり回る羽目になった。金さえもらえれば何だってやる俺は体《てい》よく利用されている。こいつ死なねえかなと思ったことも一度や二度ではないが、死なれたら死なれたで俺たちの生活も立ち行かなくなるからとりあえず生きててくれてもいい、今のところは。

へとへとになって家に帰り着いた頃にはすっかり空が白んでいた。直《じか》にポケットに突っ込んだ紙幣の感触を指先で何度も確かめる。走り回ったせいで身体はじゅうぶんあったまっていた。那由汰は家を出たときと同じように布団にくるまってぐっすり眠っている。着替える気力すらなくそのまま隣に倒れ込むと、まどろむ間もなく眠りについた。

ガサガサというビニール袋の音で目を覚ます。台所の物音が薄く耳に届いている。かけた覚えのない布団をはねのけ、うめき声とともに伸びをして起き上がると、大きくあくびをしながら台所へ向かう。

「おはよ」

「……はよ」

「珂波汰、卵何個食う？　ベーコンは？」

コンロの前に立った那由汰が卵片手に尋ねた。

あー、としばし考え、「一個でいい。ベーコンは……いらね」と答えると、那由汰は眉をひそめて振り返った。

「何で？」

「腹減ってねー」

「は？　そんなわけねぇだろ。だってゆうべも夜通し、」

「寝起きで食欲ねんだよ。いーからさっさと食おうぜ」

ほらお前は卵二個にしろ。ベーコンも焼け。と料理をしている横から口を出すと、那由汰はブツブツ言いながらもそれに従った。

目玉焼きを賞味期限切れのカサついたパンにのせてかじりつく。口の中の水分が奪われていく。身体の節々が痛いし、睡眠が足りていないのか頭がガンガンする。今日は十二月……八日か。頭に暦を思い浮かべる。もう少し、もう少しだ。

食器を下げ、慣れた手つきで戸棚の引き出しを開けた。しわくちゃの封筒を取り出して、ポケットからゆうべ稼いだ分の金をしまうついでに中身を確認する。

「……あれ」

金を数える指が速くなる。一枚、二枚……疲れているせいかと数え直すが、何度数えてもやはりおかしい。

「金が減ってる!!」

いったいどういうことだ？　最近は作業用の機材だって買ってないっていうのに。

「大変だ那由汰！　俺たちの金が減ってる!!　だって昨日までは確かに、」

興奮して台所で洗い物をしている那由汰の方まで駆け寄り、大声でまくし立てる。手を止めないまま気まずそうにしている那由汰の表情を見て、俺はピンときた。

「……お前、さてはなんか買いもんしたな？」

「あー、まあ、ちょっと」

「ちょっとって、ずいぶん減ってるじゃねーか。何買ったんだよ」

「……服」

「服？　また？」

「またって……、服っつか、ステージ衣装だよ。仕事道具、仕事道具」

「どんなの。俺にも見せろよ」

「まだ届いてねーよ」

「はあ？　いつ届くんだよ」

見込んでいた額が手元になかったことにショックを受け、つい語気が荒くなる。那由汰もそれにつられて、「うっせえなー。いつだっていいだろ！」と強い口調で言った。

「……あぁ？」

那由汰の奴、何逆ギレしてんだよ、クソ。俺が毎晩どんな思いで、誰のために金稼いできてると思ってんだよ。それなのに、俺に黙って。言葉にならない不満がむくむくと湧き上がってきて、身体の横でぎゅっと拳を握る。

短い沈黙ののち、俺の怒りを察知したらしい那由汰がとりなすように言った。

「あー、その……相談せずに買って悪かったよ。でもさ、『Paradox Live』で優勝すれば百億手に入るんだから、そんなのはした金だろ？」

「……そうだな」

しぶしぶ同意したが、どうしても釈然としない気持ちが残る。再び暦を頭に思い浮かべた。ついさっきまでもう少しだと気を奮い立たせていたが、今はその日が永遠にやってこないように思える。

今夜も珂波汰は一人で出かけていった。布団に潜り込んだまま遠ざかっていく足音を聞く。玄関が閉まったのを確認してからむくりと起き上がり、窓辺に立って外を眺める。窓ガラスに直接触れてはいないのに、刺すような冷気が頬にあたって身震いする。街灯のない夜道は真っ暗だ。闇に飲まれてほとんど何も見えない中を、薄着のままの珂波汰がどこかへ駆けていくのがわかった。きっとまた今日も、明け方まで帰ってこないのだろう。

昼間の言い合いを思い出し、ひとつため息をつく。

これまでも俺が勝手に服を買い込んだことは何度もあったが、今日みたいにガタガタ言われたことはなかった。金勘定にズサンな俺たちは、その日食いつなぐ金があれば細かいことはどうでもよかったのだ。

珂波汰と言い合いをすること自体は珍しくないが、今日のはどうも引っかかる。最近の珂波汰はちょっとおかしい。

前から度々深夜に出かけていることには気づいていたが、最近は毎晩のように家を空け、明け方疲れきって帰ってくる。知らないふりして食事を用意しても、あまり食欲がない。疲れのせいなのか、それとも限りある食料を俺にたくさん食わせようとしているのか。あるいは、よそで何か食べているのかもしれない。

感じわりぃの。なんかコソコソしてるし、ピリピリしてるし。

ついこないだも、軽い気持ちで「手の甲んとこ、怪我してんじゃん。どーしたんだよ」と手を引っ張ったら、「なんでもねえよ！」と振り払われたので驚いた。どうせまたよそ見でもしてたんだろとからかおうとしただけなのに。

よくわかんねー。

俺たちは、お互いに何もかも分け合ってきたと思っていたけど、何もかもわかり合ってはいなかったのかな。

珂波汰が夜中にどこで何をしているか俺に話したことはないし、俺も尋ねたことはない。すべてを言葉で伝え合わなくても、根っこの部分で繋がっていればそれでいいと思っていた。この狭いボロアパートで一人珂波汰を待っている間、俺は片割れが何をしているか思い巡らす。そして、どうしても考えずにはいられない。

俺が珂波汰の足を引っ張ってるんじゃないか？　俺がいない方が、珂波汰はもっと自由に、幸せになれるんじゃないか？

昔は何をするにも二人一緒だった。お互いにはお互いしかいなかった。自分たち以外は全員敵で、いつ誰に寝首をかかれるか知れないと常に気を抜くことができなかった。でも今の珂波汰には、俺の知らない世界がある。俺の知らない繋がりがあって、きっと珂波汰の中には俺の知らない感情が――。

珂波汰の交友関係が広がるのは喜ばしいことだと思う。実際に、ＢＡＥや悪漢奴等の連中と関わり出してから、珂波汰の作る曲は、前にも増してクオリティが高くなっている。

でも珂波汰は、俺が一人で待っている間に何をしているか、考えたことあるのかな。

双子っていったい何なんだろう。以前は手に取るようにわかった珂波汰の気持ちが、最近は、よくわからない。

気づいたら長いこと窓辺に突っ立っていた。身体が芯から冷え切っている。外を出歩いている珂波汰はどんなにか寒いだろう。どうやら隠し事をしているらしい俺の片割れ。

でもまあ俺だって、珂波汰に隠してることのひとつやふたつあるしな、と思い直す。俺は俺のできることをやろう。ぐいと伸びをして背骨を鳴らし、押し入れを開けて目当てのものを取り出した。珂波汰はどうせしばらく帰ってこないし、時間はたっぷりあるのだ。

急ぎで金が必要だと言うと、翠石は目を丸くしてから、「じゃあようさん働いてもらわんとなあ」とにやりと笑い、頻繁に俺を呼び出すようになった。以前と違うのは、事務所に出向くと毎度のように弁当が用意されていることだった。那由汰に黙って俺だけ飯を食うわけにはいかないと断ろうとしたが、善……もとい筋肉に「いいから食べなさい！　珂波汰くん、健全な精神は健全な肉体に宿るんだよ」と暑苦しく勧められるので、断る方が面倒になってありがたく食わせてもらうことにした。ここで出される飯は、ムカつくことにどれもうまい。もちろん那由汰がつくる飯もうまいが、うちで出る食事とは品数から違う。わざわざ魔法瓶で保温されている汁物ひとつとっても、いったいどんだけ野菜が入ってんだと気が遠くなる。どうにかして那由汰にも食わせてやりたいと思うがそういうわけにもいかず、家に帰ればいかにも腹減ってる風で二度目の飯をかき込んでいる。はっきり言って後ろめたい。

今日の献立は、豚汁に焼き魚、なんか野菜のおひたしに、あろうことか果物まで添えられていた。早速かっこもうとすると、筋肉に「こら！　食事の前はいただきますと言う！」と制される。いちいちうるせえなあと思うが口答えするのも面倒で、いただきます、と小声で言って手を合わせる。「メシは逃げへん。ゆっくり食べえ」と翠石に諭され、子ども扱いするんじゃねえよとイラだつ。

それでもやっぱり飯はうまい。

悪漢奴等のほかの三人の顔が頭に浮かぶ。見るからに健康そうな、やかましい三人組。

「アイツら、いつもこんなもん食ってんのか。ずいぶん甘やかされてんだな」

昼食は五人揃って食べるのが習慣なのだと以前筋肉が言っていた。俺たち二人の食事風景とは比べものにならない、大層賑やかで豪華な食卓なのだろう。

くだらねー。想像するだけで吐き気がする。

「……でも、こういう飯ずっと食ってたら那由汰の身体ももっと丈夫だったのかな」

「珂波汰くん……」

うまい飯に気が緩んでつい漏れてしまった言葉を、口に出すんじゃなかったとすぐに後悔した。

筋肉が眉を下げてこちらを見ている。ああ嫌だ。俺のいちばん嫌いな表情だ。そんな目で俺を見んな。

「普段はどんな食事を？」

「うるせぇよ。俺だっていつもうまいもん食ってるよ。俺も那由汰も料理得意だし。ガキの頃からやってるからよお。目玉焼きとか？　ベーコンのせて食うことだってあるし、雷麺亭の飯テイクアウトすることだってあるんだぜ」

筋肉の方を見ないまま、飯だけを見据えて早口で言う。しばらく焼き魚の身をほぐすのに格闘していたが、二人の視線が気になって、結局骨ごと口に放り込んだ。

百億がほしい、と強く思う。

金がねえから栄養のあるもんを食えなくて、その結果身体を壊してもまともな医者にかかる金がねえ。そんなのもうまっぴらだ。箸を握る手に力を込める。

何が何でも『Paradox Live』で優勝してやる。金を手に入れて那由汰の身体を治して、二人で住むでかい家を買うんだ。

でも、那由汰はどう思ってんのかな。手に取るようにお互いの考えていることがわかる。そう信じてこれまで生きてきた。俺のたった一人の片割れ、俺の大事な魂の半分。それでも時々、ほんの少し違和感を抱いてしまうのだった。ほっとけば気にならない程度のごく小さなズレが、ここんとこずっと、俺たちの間に居座っているような気がする。

俺たち最近、ビミョーに噛み合ってなくね？

そんなこと今までなかったから、イラついて仕方がないのだ。俺には那由汰しかいないっていうのに。

何も考えず、無言でひたすら飯をかき込むことに集中する。二人に礼を言って仕事に出た。頭の中に暦を思い浮かべて心を落ち着かせる。もう少しだ。もう少しで、とりあえずは……。

人気のない夜の街を走る。真夜中はいい。誰も俺たちに注意を払わないし、幸せそうな家族連れを目にすることもない。両親と手をつなぐ小さな子ども。ぷかぷか浮かぶ風船を抱えて。自分が世界の中心だって顔して。何より俺が苦手なのは双子の子ども。揃いの服なんか着て、二人乗りのベビーカーに乗せられて、どうせ雨が降っても優しい両親が付属の雨よけカバーをそっと下ろしてくれるんだろう。

スラム街の娼婦の腹から――生まないという選択肢をとる知恵のなかった女から生まれた俺たちは、当たり前に虐げられ、奪われ続けてきた。父親に至っては顔すら知らない。那由汰と二人でろくでもねえ施設を飛び出して、這いつくばってどうにか食いつないだ日々。ＨＩＰＨＯＰという武器を見つけて、ようやくここまでのし上がってきたのだ。

思い返せば、ずいぶん長い夜だった。気の遠くなるほど。

俺たちの夜明けは、もうすぐそこのはずなんだ。


例によって明け方帰ってきたらしい珂波汰が布団に倒れ込んでいる。むき出しの首筋がえらく細く見えて、珂波汰ってこんな痩せてたっけか？　と無意識に自分の首筋に手をやる。いや、俺もこんなもんか。

布団をかけ直してやり、食事の準備をするべく立ち上がった。

準備ができる頃起きてきた珂波汰は、代わり映えしない食卓を見やって、今日もうまそう、と言って緩慢な動作で座った。珂波汰が覚醒しきってないので、俺も黙って飯を食う。

「今日さあ」

二人で目を見合わせる。二人が同時に発した言葉が重なって、まるでひとつの声のように響いた。一瞬何が起こったかわからず、「……え？」と戸惑う声もまた重なり、いよいよおかしくなってくくくと笑う表情も、おそらく一緒なのだろう。こんなちっぽけなことで、ここ数日の緊張が一気に緩んだ気がする。

珂波汰は俺の鏡だ。兄貴の顔をじっと見つめる。

「なんだよ」

珂波汰が笑いをこらえながら言うので、俺も「珂波汰こそなんだよ」と返す。

まだ口の端が上がっている珂波汰が、平静を装ってほとんど具のない味噌汁を一口啜って言った。

「夜ちょっと、出かけようぜ」

「……おう」

「那由汰は、何言おうとしたんだよ」

「俺は……何でもねーよ」

「なんだよ」

「何でもよくなった」

珂波汰は納得いかない様子で、「なんだよそれ」とぼやき、しかしそれ以上追及することはしなかった。

夜まで何となくそわそわしながら一通りの家事を済ませ、珂波汰に連れられて家を出た。マフラーに顔を埋《うず》める。時刻は午後七時。この時間に二人で外出することはめったにない。珂波汰は確かな足取りで角を何度も曲がり、ついていくだけで息が切れる。家々を彩るイルミネーションには見向きもせず、俺たちは足早に歩を進める。珂波汰は俺の手を引いたまま、ある店の前で立ち止まると、意を決したように一呼吸おいて入店した。

自動ドアが開くと同時に、いらっしゃいませー、と女の店員に明るく声をかけられた。

陽気なＢＧＭのかかる店の中は肉の焼けるにおいに満ちていて、反射的にぐう、と腹が鳴る。二人で座るには広いソファ席に通されると、店員にでかいメニューを渡された。

「うおー、うまそうな肉！　ハンバーガー！　パスタもある！　俺、どれにしようかなあ」

店内には客はまばらで、声を潜めて「人少ねえな。逃げにくそうじゃね？」と囁くと、珂波汰は憤慨したように「バッカお前！　今日は食い逃げなんてしねえ！　堂々と金払って腹一杯食うんだよ！」と大声を出すので、「でけえ声で食い逃げとか言うなバカ！」と慌てて店員の方を窺う。

失態をごまかすように珂波汰は咳払いをして、「あー、今日……俺たち誕生日だろ。たまにはちゃんと贅沢しようぜ。金ならあるし」と言い、現金が入っているらしいポケットをパンパンと叩いた。

「いつもこの店の前通る度、うまそうだなあって思ってたんだ。学生とか家族連れで賑わっててさ。でも普段はほとんど満席なのに、今日はえらく空《す》いてんなあ。入れなかったらどうしようって急いで来たのによ」

多分それは、今日がクリスマスイブだからだ。ぺらぺらと何周も見てしまうメニューはどれも食欲をそそるが、クリスマスディナーにはそぐわない食事なのだろう。窓の外は浮かれた空気で、着飾った男女がいそいそと仲睦《なかむつ》まじそうに歩いている。

「……珍しいな、お互いの誕生日祝うなんて」

「まあな。でも今日は、俺のいちばん大事なもんが生まれた日だから」

何でもない風に珂波汰が言うので、気恥ずかしくなって「……なあ見ろよ。このハンバーガーうまそうじゃね？」と話をそらす。

「頼もう」

「ポテトも」

「それも食おう」

「グラタンって食べたことねえ」

「食おうぜ。コーラも飲もう……しかも、Lサイズだ！」

マジかー！　と言って笑うと、珂波汰は急に真面目な顔をして「でもよ、やっぱ食事はシホンだから。野菜も食おう。ケンゼンな精神はケンゼンな肉体に宿るんだぜ」とらしくないことを言いながら、サラダのページを真剣に眺め始めた。

「ケンゼンな精神って、どんなんだよ」

「知らね。あー、ポテトサラダうまそうだな」

「フライドポテト食うのに、ポテトサラダも食うの？」

うるせえなあ、と不服そうにする珂波汰が、俺には世界でいちばん愛しい。

あれもこれもと欲張って注文して、人目を気にせず片っ端からかぶりついた。口の中に肉汁があふれる。コーラの甘くはじける炭酸が喉に心地よい。

「珂波汰、お前口のまわりケチャップでピエロみてーになってるぞ」

「那由汰こそ」

軽口もそこそこに、俺たちはほとんど口をきかず、夢中になって目の前のごちそうをかっ込んだ。

すっかり満腹になった俺たちはぼうっとして腹をさする。この腹具合じゃ、食い逃げなんてとてもじゃないけどできねえなと思う。会計の時、キャッシュトレーに金を出す珂波汰が見るからに緊張していて笑えた。

帰り道、お互いふわふわと浮かれた足取りで歩く。「あーうまかった！」そう話しかけると、珂波汰は「なー……。でもこの世の中には、あれよりもっと高級な飯が腐るほどあるんだよな。信じらんねえよ」と、ちょうど通りかかった飲食店の窓から店内を眺めて言った。先ほどの店よりずっと高級と思われる店で、グラスを合わせているカップルの姿が目に入る。眩しすぎない上品な照明と広いテーブル。料理の内容までは見えないが、どうにも窮屈そうで、自分には関係ないのに白けた気持ちになる。

「百億とったら、こっちの店の飯も食ってみるか？　試しに」

ポケットに手を突っ込んだ珂波汰が顎で店を指す。

「いや、なんかマズそうじゃね？　さっきの店の方が断然いーよ。俺、今度はぜってーオムライス食うんだ」

俺がそう言うと、珂波汰は「そうかー？　じゃあ来年もそうしような」と笑って言った。

口の中に残る肉のにおいが、また俺を幸福にする。もう何もかも忘れてこのまま眠ってしまいたい。今日のために働き詰めだった疲れがどっと肩にのしかかる。普段は有り金なんて気にもとめず、思うままに機材やら服やら買って、その日暮らしの生活をしていたのだ。意識して金を貯めるのって、すげーストレスだったんだなあとあらためて思う。

横たわってぼうっとしていると、那由汰が「お疲れ様、珂波汰」と言って隣に座った。どこか神妙な表情をしているので、胸騒ぎがして起き上がる。

「おう」

「珂波汰、今日のために仕事増やしてがんばってくれてたんだな。ありがとう」

いやまあ、自分のためでもあるから、とぶっきらぼうに返した。

「それで、これ、俺から……」

那由汰がおずおずと差し出したのは、ブルーのリボンがかかった包みだった。リボンの隙間に「Happy Birthday」と手書きのカードが挟まれている。

「那由汰、これ……」

「開けてみてよ」

気がはやって、包装紙をビリビリと破る。その様子を那由汰が微笑ましそうに見ているので、もっと丁寧に開ければよかったかと頭の片隅で悔やむ。

「うわあ……すっげえ」

それは、目を見張るような鮮やかなブルーのスタジャンだった。胸の部分には、二人が愛用しているピアスによく似た蛇があしらわれている。早速羽織ってみようとジャンパーを広げると、襟ぐりの裏地の部分に「ＫＡＮＡＴＡ」と銀の刺繍《ししゅう》が施されているのが目に入った。

「すげえ。名前まで入ってる……。オーダーメイドってやつかよ」

「そんな大層なもんじゃねえよ。古着で見つけたのを、俺が自分でリメイクしたんだ。だからちょっとガタついてるけど……俺のいちばん大事なもんが生まれた日だから」

現金が減っていたのはこいつのせいだったか。そういうことなら早く言えよな、と思いつつ、口元がほころぶのを抑えきれない。

「最高だよ。世界にひとつだ」

　羽織ってみれば、それはこれまでずっと共にあったかのようにしっくりと身体になじんだ。那由汰も揃いのジャンパーを身につけ、互いに照れ笑いする。二人で小さい鏡の前でぎゅうぎゅうと身体を押し合って見栄えを確認した。俺の方が似合う、いや同じ顔だっつーの、とふざけたことを言ってはバカみたいに笑い合った。こんなに楽しいなら毎年誕生日を祝い合えばよかったと思った。これまではそんな余裕なんてなかったし――そもそも、生まれた日を祝うという考え方が、俺たちにはいまひとつピンときていなかったのだ。だけど今になって、自分たちが生まれてきたことは、誰がなんと言おうと喜ばしいことなのだと心から思えた。この先もずっと、この日は毎年二人でお祝いしようと誓った。

「俺たち、二人なら何だってできる気がする。これ着てさ、俺たちが最強だって世界中に教えてやろうぜ」

「ああ。絶対だ」

「それで、百億手に入れたら、そしたら……」

　そしたら……。俺は言葉に詰まって、その先を口に出せなくなってしまった。少しでも余分なことを言えば、大事な何かが口から漏れ出てしまうかのような、輝かしい未来が遠ざかっていってしまうかのような、そんな漠然とした恐れがあった。

「あ、雪……」

聞こえるか聞こえないかくらいの声で那由汰が呟いた。窓の外に白い光がちらついている。来年の今日、俺たちはいったいどうしているだろうか。これまでは、来年どころか三日後のことだって不確かな人生だった。でもどんな時も、俺たちは二人で生きてきたのだ。

一年後の自分たちのことはまるで見当がつかないが——この冬の夜のことを、俺は何度だって思い出すだろう。

「珂波汰、さっきからスマホ鳴ってる」

「ああ、いーよ。今日は」

翠石からひっきりなしに連絡が来ていることには気づいていた。那由汰に腹一杯飯を食わすという目的を達成した今、しばらく裏稼業は控えたいので無視していたが、あまりにしつこいのでしぶしぶ電話に出る。

「……はい」

「やっと出たか〜。シカト決め込んでたやろ？　ええ度胸やなあ」

酔っているのか、いつもより翠石の声が大きい。ずいぶん盛り上がっているようで電話越しでも騒がしいのがわかる。控えめにスマホを耳から離す。

「……まあええわ。今なあ、ウチでクリスマスパーティーしとんねん。ごちそうアホほど準備してんけどなあ、善がはりきってつくりすぎてしまいよってなあ。どや、二人揃って食べに来んか？」

「いや、俺たちもう腹一杯で……」

「遠慮するなや〜。もちろんプレゼントなんか気にせんで、手ぶらでええんやで？」

「いやほんとに、俺たちは……」

内輪ノリに巻き込まれちゃたまらないのできっぱり断ろうとしたところに、「珂波汰ぁ、たまにはいーんじゃねえの。行こうぜ」と那由汰が口を挟んだ。

「そうそう、素直なんが一番や！　待ってるでー」

電話を切り、那由汰に「……珍しいじゃん」と言う。

「まーたまにはな。たまには。今日は気分いいし」

不思議に思うが、確かに、下ろしたてのジャンパーを着て出かけるのも悪くないかもしれない。

「そうだな。たまにはな。あの筋肉のつくるメシ、すげーうまいんだぜ」

「へえ。何でそんなこと知ってんの？」

口を滑らしたことに気づいて、いや、それは、と言い淀む。

「まあいっか。行こうぜ」

揃いの上着を着込んだ俺たちは、雪がちらつく夜道を子どもみたいにはしゃいで駆け抜けた。お互いの髪に雪がまとわりついてきらめいて、魔法みたいに綺麗だった。

矢戸乃上珂波汰
弟至上主義の超ブラコンである
那由汰のためなら何でもする
那由汰にさわんじゃねーー!!
ちょ 珂波汰…
いいから
そのため荒っぽい性格ではあるが
一人では寝られないという一面も

矢戸乃上那由汰
病弱で儚《はかな》げな雰囲気を纏《まと》った彼だが――…
もっもう許してくれ!!
は!?
テメーから吹っかけてきたんだろうが
バキ
ボキ
珂波汰
もう行こ腹へった
那由汰…
…わかったよ
はぁ…
命拾いしたなおっさん
あーだり…
珂波汰の扱いに関して右に出る者はいない

なーゆーたぁー
また服買ったのか
ごめん…
次のステージにぴったりの服があってつい…
あーあ…まぁ許すけどさ…
許してくれるんだ…
甘い
ね さっそく着てみてよ
ガサッ
えーーーー!? まぁいいけど
いいんだ…
甘い
そしてノリノリである
パチ
パチ
パチ
パチ

那由汰 熱大丈夫か？
しんどく ないか？
ちょっと だるいくらい だし大丈夫
俺今から 出かけるけど 一人で…
大丈夫だって 心配しすぎ
他に俺にできることは 何かあっかな…
うーん…
！
へー アニマル セラピー？
効果 あったの？
夫の顔色が 良くなって
へぇ～
よかったわね～
……
アニマル セラピー…
ガチャッ
ただいまー
あっ 珂波汰おかえ…
り……
え？
にゃー
みー
にゃ
みゃー
みゃー

ほいっ
今回のギャラ
おつかれさん
どーも…
って
でーん!
お年玉袋!?
おとしだま
……
お年玉とか
初めてもらった……
中身ギャラだけど
ああ
いつもの茶封筒
切らしてしもて
それしかなかってん
かわいいやろ
そっすか…
はぁ…
ん
那由汰の分の
小遣い
ありが…
え!!
お年玉
じゃん
新鮮だろ
使い回した

NOVEL
短編小説＆漫画
しけたこと考えんと、
賑やかで、ゴキゲンなのが、いちばんやなあ。
Paradox Live
悪漢奴等 あかんやつら

まだもう少し寝ていたい。障子によって和らげられた陽の光が優しく玲央の頬を照らす。そのあたたかさは心地よく、身を委ねてしまいたくなるが、自慢の白い肌を日に焼けさせたくはない。ごろんと寝返りを打ち、抱き枕に顔をぎゅっと押し付ける。もうちょっと、もうちょっとだけ……。

「……玲央」

低い声で名前を呼ばれる。起きる時間なのはわかっている。わかってるんだけどさあ……。

「玲央、起きて」

「う〜ん……」

本当は少し前から起きていたが、たった今目覚めたというふりをする。玲央のこのちょっとした演技は、おそらく北斎にはお見通しであり、玲央自身もそのことはわかっている。

玲央はぐいーんとひとつ伸びをして、ようやく異変に気がついた。

「……あ、今日兄貴出かけてていないんだっけ。紗月も」

この古びた日本家屋に、玲央たち五人はともに暮らしている。誰かの話し声やら生活音やらで常に賑やかなこの家が、今日はしんと静かなのだった。

普段はよほどのことがない限り、五人揃って善のつくった昼食をとる習慣になっていた。二人も不在だというのは珍しい。依織が行き先を教えてくれないのはいつものことだったが、紗月の留守はどうしてだっただろうか。野暮用だと言っていたような気がするが。

「紗月、デートかなあ?……なわけないっか〜。しっずかでいいな〜〜〜!」

玲央は鼻歌を歌いながらのろのろと着替え始める。家が静かだと、やはり何となく落ち着かない。

玲央はハムスターのように鼻をひくひくと動かして言った。

「あれえ、今日って善兄はいるんだよね？　ご飯の準備、してる？」

みんなの話し声だけでなく、いつもだったらほんのり漂ってくるはずの食欲をそそる食事のにおいも、今日はない。スマホで時刻を確認すると十二時半。おおむね普段通りの時間だ。

「……寝てる」

「……どういうこと？」

通常であれば、しっかり者の善がこの時間まで寝ていることなんてありえない。今日は何もかもがいつもと違う。玲央は、いよいよただならぬ雰囲気に眉をひそめた。

「……玲央、おいで」

胸騒ぎを覚えながら、北斎に連れられて善の部屋へ行くと、そこには布団に伏せて呻《うめ》き声を上げている痛ましい姿があった。

「うぅ……」

「ちょっと善兄、どうしたの？　ビョーキ？」

玲央が近づいて顔を寄せようとするのを北斎が制する。善の顔は真っ青で、息遣いは荒く、苦しげに額に汗をうかべている。

北斎によると、昼食の支度を手伝おうと台所へ向かったら善の姿がないので不安に思い、部屋へ様子を見に行ったらこの様子だったのだという。

「善兄、大丈夫？　苦しい？　何か欲しいものある？」

呼びかけられた善は焦点の合わない目を微かに開き、「いや……ぐ……大丈夫……だから……」と掠れた声で言うと、小さく首を振って再び目を閉じた。息は荒いが、また寝入ってしまったようだ。

「熱はないみたいなんだけど……」

北斎がそう言って玲央の方を見ると、心配そうにしているかと思いきやそんなことはなく、大きい瞳をきらきらと輝かせているので静かに面食らう。

「大変だあ！　どうしよう！　とりあえず氷枕？　おかゆってどうやって作るの？」

こうしちゃいられない！　とばかりに玲央はぴょんと立ち上がって台所へ走っていった。北斎もゆっくりその後を追う。

善は寝入った意識の先で悪夢を見ていた。何か得体の知れない巨大なものに、身体を飲み込まれそうになる夢だ。もうだめだ、と観念した瞬間、ドタン！　バタン！　ガッシャーン！　という大きな物音でたちまち現実に引き戻された。どうやら玲央が戸棚や冷蔵庫の扉をドタバタと開け閉めしては何かをひっくり返しているらしい。「氷枕はなさそうだなー。タオルしぼればいっか〜！」などとどこかはしゃいでいるような声が遠く聞こえる。

ほどなくして戻ってきた玲央に「善兄、ひやっとするよーー！」と濡れた布をべちゃっと額におかれた。こっちが悪夢か？

「じゃっ、おかゆ作ってくるから待っててね！」

軽やかな足取りで再び去っていく玲央の背中に「れおく……うぅ……これ、雑巾……」とかけた声はもちろん届く由もなかった。

うーん、おかゆって結構時間かかるんだなあ。そもそもお米ってどうやって研ぐの？　なんか五分くらいでできるレシピってないのかな？　「おかゆ　五分」で検索しよっかな……。あ、このスニーカーイカす～誰かに買ってもらっちゃお～っと。玲央がそんなことを考えながらスマホを操作していると、玄関の方からどたどたとガサツな足音が近づいてきた。

「ただいま～……ってオぉイ！　一体何なんだよこの状況は！」

紗月は散らかり放題の中でスマホをいじっている玲央と、洗い物をしようとして食器を割ってしまいその場に立ち尽くしている北斎を目の当たりにして、帰宅早々大声をあげた。

「サル！　うるさいっ！　大声出さないで！　善兄ビョーキで寝てるんだから！」

「は？　ビョーキぃ？」

玲央から事のいきさつを聞いた紗月は呆れたように言った。

「はあ～。それで粥のひとつもつくれねえ片付けもできねえで何もかも放り出してソシャゲ周回してんのかよ。どうしようもねえな！」

紗月は文句を言いながらも、北斎に適宜指示を出しながら手際よく洗い物や片付けを始めた。

「ソシャゲなんてやってません～今はおかゆのレシピ調べてたんですぅ」

「じゃあそのスマホ見せてみろよ」

「ヤダ」

スマホを覗き込まれそうになり、玲央はぷいっとそっぽを向く。

「つうか粥ぐらいググらなくてもつくれるだろ」

「は？　めったにつくらないおかゆのレシピに頭のリソース割くくらいなら、その都度ググる方が効率的なんですけど。紗月ちゃんこそ今日どこ行ってたわけ？　デート？　なワケないっか〜なんせヘタレの童貞……」

「うるっせえ！　善兄具合悪いのか〜。風邪の時ってどうしたらいいんだ？　冷やした方がいいのか？　それともあっためんのか？　ああクソ！　風邪なんて生まれてこの方引いたことねーからわかんねえよ！」

頭を抱える紗月に、玲央が「紗月ちゃんバカだもんね。そりゃあ風邪引かないよね〜」と小馬鹿にした口調で言う。

大きな身体を屈めて食器を拭いている北斎が「健康で、えらい」と小さく発した声は、「うるせえなあ！」という紗月の怒号によっていともたやすくかき消された。

「てめーこそなんだ？　口ばっかで全っ然役に立ってねえじゃねえか！」

図星をつかれた玲央はぐ、と言葉につまる。常日頃玲央に言い負かされている紗月は、今回ばかりは自分に分があるとわかって気が大きくなり、ふふん、と鼻で笑うと、「ま〜ったくよォ」とさらに言葉を重ねた。

「甘やかされ放題で教わったのは女遊びだけ〜ってか？　お坊ちゃん育ちのやつはこれだから」

「紗月」

低い声で、しかしきっぱりと北斎が制した。その有無を言わせぬ響きに紗月ははっとする。慌てて玲央の方を窺うが、俯いていて表情が見えない。北斎は、押し黙っている玲央を抱くようにして優しく頭を撫でながら、「紗月、謝る？」と促した。

「……悪かった」

紗月が不安げに瞳を揺らす。数秒間の沈黙ののち、玲央は北斎の胸の中でぴょこんと顔を上げ、「なにがあ〜？　僕だってその気になればおかゆぐらいヨユーでつくれるし！　紗月、どっちがおいしいおかゆつくれるか勝負しようよ！　ただしハンデとして紗月はレシピ見るの禁止ね」と笑顔で啖呵《たんか》を切った。

「……上等だバーカ！　カンプなきまでに叩きのめす！」

威勢を取り戻して悪態をつく紗月は、あからさまに安堵の表情を浮かべている。

育った環境なんて関係ない。そんなことは紗月自身も身にしみてわかっていたはずだった。依織に拾われるまで、三人はそれぞれ自分ではどうしようもない孤独やままならなさを抱えて生きてきたのだ。売り言葉に買い言葉で、口にしてはならないことを言ってしまった。この場に北斎がいてくれてよかったと、紗月は強く思った。あのまま続けていたら、もっと取り返しのつかないことを言ってしまっていたかもしれないから。

「僕おかゆやめた〜うどんにしよ」

「おっ、さては俺と同じ土俵で戦うのが怖《こえ》えんだな？」

軽口を叩く紗月を無視して、玲央はスマホを片手にあれはどこだこれはどこだと呟きながら台所をうろつき、やっとのことで野菜室からしょうがをひっぱり出した。

「ふむふむ……まず野菜を洗って、しょうがは皮を剝く……なんだ楽勝じゃん」

「玲央。野菜は洗剤で洗わない」

「麺つゆ大さじ三……ってどのくらい？　まあいいカンジの色になるまで入れればいっか？」

「玲央、その麺つゆは三倍濃縮だから……ああ……」

あの北斎が、引いている……。一見いつもと何ら変わりない無表情のように思えるが、自由奔放な玲央の調理スタイルを眼前にして愕然としているのが紗月にはわかる。

一方で、紗月は手際よく作り始めたたまご粥が早くも完成に近づいていた。日常的に善の家事を手伝っている紗月には何てことのない作業だった。

玲央の独創クッキングに絶望していた北斎は、手早く粥を作りあげた紗月を見て、静かに感嘆していた。

しかし、紗月は未だ悩んでいた。ほかほかのたまご粥を一口分すくって味見をする。我ながらうまい。出汁《だし》もしっかり効いており、大げさでなく、いくらでも食える味だ。それでも、果たしてこれがお粥の完成形なのか、紗月には自信がなかった。俺は、善兄の求める満点が出せているか？　気がかりなのは、善が風邪で寝込んでいるということだった。風邪を引いたことがない健康優良児の紗月にとって、体調不良というのはいわば未知の宇宙だった。考えろ、あるはずだ、病人に出すメシとしての最適解が……。

「待てよ、この家にはあるじゃねえか、善兄の大好物がよ……」

北斎は再び人知れず呆然としていた。北斎に料理はわからないが、目の前の二人がそれぞれ間違った方向に邁進《まいしん》しているということはわかった。別室で苦しんでいる善に思いを馳せ、しばし祈る。祈っているうちに自身の空腹に気づき、時計を見やる。猫に餌をやる時間だった。北斎はそっと台所を後にした。

二人分の足音が響く。ドタドタとこちらに近づいてくる振動が、弱った心身にこたえる。善は、朦朧《もうろう》とする意識の中で、体調不良とは別の悪寒を感じていた。部屋のふすまが勢いよく開く。

「善兄！　ご飯だよ！」

「善兄！　メシ！」

玲央と紗月がそれぞれ盆を持って入ってきた。なんだこのにおいは？　突き刺さるような異臭が鼻《び》腔《こう》に届く。おかしい。絶対におかしい。確実に何かが間違っている。そして、なぜ二人とも自信ありげな表情をしているんだ？

「じゃーん！　玲央くん特製☆あったかしょうがうどんタピオカトッピングでーす！」

玲央が掲げたどんぶりの表面には、トッピングという言葉じゃ生ぬるい量の黒光りしたタピオカが所狭しと敷き詰められていた。あったかしょうがうどんの要素が見当たらないが、「実食ターイム☆」と玲央が箸をどんぶりに突き刺すと――タピオカの群れの下からにっちゃあっ……と重たげな音をたててうどんが姿を現した。玲央は力を込めてうどんを引きずり出し、器用に数本れんげの上にのせると、タピオカを数粒添えて見た目を整えた。

「できたあ♡　ミニおうどん♡」

玲央は口をすぼめて、フーフーとれんげに息を吹きかける。

「はい、善兄召し上がれ！」

満面の笑みでれんげを差し出されるが、まるで食欲がわかない。しかし、いたいけな少年の厚意を無碍《むげ》にするわけにはいかない。覚悟を決めて横たわったままかすかに開いた唇の隙間に、玲央は容赦なくれんげを滑り込ませた。

何もかも味がない。いくら咀嚼《そしゃく》を繰り返してもゴムのような食感が永遠に消えず、飲み込むことがかなわない。口内で玉と麺がいつまでも無味のまま強固な食感を保ち続けている。吐き出してもいいだろうか……と薄目で玲央の様子を窺うと、慈愛に満ちた笑みを浮かべ、再びれんげにミニうどんをセットして待ち構えている。まずい、多分これは、すごくよく味わっていると勘違いされている……。どうする？　噛み続けても未だ衰えないゴムの食感。南無三！　善は咀嚼物を気合いで一飲みし、もう満足した旨を何とか二人に伝えようとするが、間髪入れずに紗月が枕元にどん！　と椀を置いた。

「バカが！　タピオカにこれっぽっちも栄養はねえ！　俺は善兄の健康に配慮したパワフルたまご粥だ！」

もう何も口にする気にはなれなかったが、椀からほのかに出汁のいいかおりが漂い、枯渇したかと思われていた食欲の泉が再び潤うのを感じた。何より、先ほどのタピオカうどんと違って、きちんと食事の様相を呈していることに善は感動した。紗月の差し出すれんげを素直に口に入れる。

一口目は、おいしい粥だと思った。しかし、だんだんと味覚が無視できない違和感に襲われる。待てよ、自分はようく知っている、この粥の味を邪魔しているものの存在を。まさか……。

「気づいたか善兄？　そう！　隠し味にプロテイン入り！　聞いて驚け、気分はワイハ！　お味はなんとブルーハワイっす！」

紗月……隠し味は、隠してくれ——。

善はプロテイン粥を力なく飲み込むと、堪えきれずに再び意識を手放した。

「善兄！　どっちがおいしかった？　僕のだよね？　タピオカもちもちでおいしいもん！」

「バカ言え！　栄養満点の俺のに決まってらあ！　善兄……善兄!?」

猫の世話を終えて様子を見に戻ってきた北斎は、地黒の善が紙のように白い顔で伏せっている様を目の当たりにし、微かに眉を寄せた。

「……善兄、悪化してない？」

「そそそそんなことなくね？」

「そそそそうだよお。朝からこんな感じだったじゃん？」

目を泳がせている二人と、ほとんど手つかずで流しに捨て置かれているかつては食事だったものの有様を見て、北斎はだいたいのことを察した。

　善が意識を失った後、訝《いぶか》しく思った玲央と紗月はそれぞれ自分のつくった料理を味見してみたのだった。

（うっ……）

「……おい、どうなんだよ」

「は？　フツーにおいしいし。紗月ちゃんの方こそどうなの」

「俺のだってうめえよ！」

「じゃあ全部食べなよ」

「でもまあ、善兄の風邪がうつって俺までダウンしたら元も子もねーしな。もったいねえけど……」

「うん、こんなおいしくてかわいいご飯捨てるのは忍びないけど……」

　あははは、と乾いた笑いを上げながら、二人は手料理を闇に葬ることにしたのだった。

　においが残らないよう念入りに後始末をしながら、紗月がぽつりと言う。

「なあ、それにしても善兄、ただの風邪にしては症状重すぎやしねーか？」

「確かに。ろくに口も聞けずにずっと横たわってるなんて、ちょっとおかしいよね」

「……風邪じゃなくて、大変な病気なのかも」

　北斎が呟いた言葉に、玲央はたちまち顔色を変える。

「……どうしよう。もし善兄が」

「おい！　縁起でもねえこと言うんじゃねえ！」

「きゅ、救急車。今からでも救急車呼んだ方がいいかな!?」

「馬鹿野郎ッ！　善兄がそう簡単にくたばるわけねえじゃねえか！」

「落ち着いて玲央。よしよし。大丈夫」

取り乱した玲央を優しく北斎が抱きしめているところに、玄関の戸をガラガラと開ける音が響いた。

「おーい、今帰ったでー……。て、うおっ!?」

「兄貴ィ～!!」

紗月、玲央、北斎の三人は一目散に玄関へ駆け出し、帰宅した依織の胸に勢いよく飛び込んだ。

「なんやなんや～、過去一盛大な出迎えやなあ。一体どないしてん」

「善兄が、善兄が死んじゃうよお～」

三人に引きずられるようにして善が伏せっている部屋に連れて行かれた依織は、生気なく横たわっている善の様子に息をのんだ。

「……若……」

依織は善の脇に屈み込み、額に手を当て、ふーむと考え込んだ。

「熱はないんだけど……ときどき戻してるみたい」

「あと、紗月のつくったご飯食べた後悪化した！」

「バカ言え！　テメェのメシが原因だ！」

「そんなことないもん！」

言い争っている玲央と紗月をよそに、依織は「待てよ……この症状……どこかで……」と何かに思い当たったような表情をした。

「そうや！　原因はアレや。おそらく間違いあらへん！　救急箱！　救急箱どこや！」

「救急箱……ってどこにあったっけ？」と玲央が首を傾げる。紗月も「知らねえ。ってか、そんなもんこの家にあんのか？」と見当がつかないようだ。

「ええ～？　紗月、喧嘩ばっかして生傷絶えないんだからしょっちゅうお世話になってるんじゃないのぉ」

「だってよォ、いつも善兄がどこからともなく取り出して手当してくれっから……」

「役立たず」

「んだとコラァ！」

「ほんま、善がおらんと何にもわからへんなあ。どや、北斎はわかるか？」

北斎も無言で首を振る。

「仕方あらへん！　俺にまかしとき！　だいたいの見当はついとるねん。なに、四人で探せばすぐ見つかるやろ。大捜索や！」

「オウ！」

　横たわった善は、夢とうつつの境を行き来しながら、居間で繰り広げられている一連の大騒ぎ――

「オイ玲央！　そんなとこにあるわけねーだろ！」「うるっさいな～！　そういう紗月だってさっきからおんなじとこばっかり見てるじゃん！　ホント頭悪い！」「うおっ！」（何かが崩れ落ち、堅いものが強かに床にぶつかる音）「あ、兄貴～！　大丈夫すか」「……血が出てる……」「痛そ～！　救急箱！

救急箱！」「いやだから今それを探してるんだっつーの！」——を遠く耳にしながら、まだ見ぬ混沌《こんとん》を憂い、もうあと三日くらい目を覚ましたくないと強く願った。


ようやく四人が救急箱を見つけ出した頃には、すでに夕方になっていた。それぞれ薄汚れ、依織に至っては額に痛々しい傷を作っている。

「なんか、見つけてみれば、まあまあわかりやすい場所にあったな……」

「ほんと、何でこんなに時間かかっちゃったんだろ。だんだん裏の裏をかこうとしてっちゃったよね」

依織は十字のマークが付された木製の救急箱をパチンと開き、ごそごそと目当てのものを探った。

「よう考えたら、善がそないややこしいとこに救急箱おくわけあらへんのにな……あったあった。これや！　ほら善！　これを飲み」

依織は小瓶から丸薬を取り出すと、生気のない善の半身をどうにか起き上がらせ、無理矢理口に押し込んで水を飲ませた。

「俺の見立てでは、これがてきめんに効くはず……」

「うぅ……若……」

しばらくして、善がゆっくりと目を開け、呻きながら緩慢な動作で上体を起こした。

「ありがとうございます……だいぶ楽になりました……」

「善兄！」

「善、お前……アレにやられたやろ……？」

「面目ない……若にはお見通しですね……」

「何？　一体何があったの？　善兄が飲んだのは何？　教えてよ！」

「ふうむ、まあお前らもいずれお世話になる時が来るかもしれへんからな。教えといたるわ。善に飲ませたヤクは、とあるスジから極秘で手に入れた……」

深刻そうな依織の口調に、紗月、玲央、北斎はごくりと息をのむ。

「胃薬や……」

はあ？　紗月と玲央は露骨に怪訝な顔をした。北斎も、どことなく不思議そうにしている。

「それもただの胃薬やあらへん、これがまた、ごっ……つうよく効く胃薬なんや！」

「はあ？　じゃあ善兄は食あたりであんなに苦しんでたってことすか？　善兄がやられたアレって何なんすか？」

「何のことかしっかり説明してくれないとわかんないよ！」

善は依織と目配せをすると、意を決したように話し出した。

「君たちには世話になったし、隠しても仕方ないから正直に言おう。私はゆうべ、「ＣＡＮＤＹ」での仕事を終えた後、お借りしていた本を返すために「Bar4/7」へ向かった……」

――昨夜二時頃　「Bar4/7」にて

「何だ、珍しい客人だな」

マスターである神林は、煙草を吸いながらぶっきらぼうな物言いで善を迎え入れ、カウンター席に座るよう促した。愛想はないが、どうやら歓迎されていないわけではないらしい。同じカウンターの離れた席に腰掛けている女性客二人は、ちらちらと気を引きたそうに神林の様子を窺っている。

「西門ならもうこの時間は帰って寝てるぜ。借り物は返しといてやるよ――さてお客様、お飲み物はいかがいたしましょうか？　たしか、糖質少なめがお好みだったか？」

「ああ、それじゃあ――」

何を飲もうか決めかねているところに、シルクのような銀髪を揺らしてリュウがひょっこりと顔を出した。おびただしい量のピアスがちゃらちゃらんと音を立てる。

「あっマッチョさんだあ～！　いらっしゃあい。ねえ何飲む？　カリスマバーテンダーリュウくんのオススメスペシャルドリンクにする？　ねえそうする？」

ちぎれんばかりに尻尾を振るかのようなリュウに圧倒されてしまった私は、言われるがままに「ああ、じゃあそれをお願いしよう」と注文した。

およそカクテルをつくっているとは思えない、いかめしい音が店内にしばらく響いた。

「お待たせしましたぁ～。リュウくんの気まぐれスペシャルエナジーカクテルでっすん」

玉虫色に怪しく艶めいた液体を目の前に出され、私はごくりと息をのんだ。いったい何を混ぜたらこうなるのか皆目見当のつかない色合いだった。これを飲むべきではない。理性はそう叫んでいた。

しかし、その幻想的な液体に魅入られるように、私はそっとグラスを口元に運んでしまったのだった。

「ああ、無理して飲まない方がいいぜ。こいつのつくる酒って大抵は――おい大丈夫か⁉」

「そこから先の記憶はなくて……。どうやら神林さんがここまでタクシーで送ってくれたようですが――。彼には大変な迷惑をかけてしまいました。近々また謝罪に出向かないと……」

粛々と事情を話す善の表情を見て、紗月と玲央は眉をひそめている。

「はあ？　むしろ迷惑かけられたのはコッチでしょ！　向こうのバーテンの不手際だよ！　慰謝料請求できるよ」

「玲央、漢《おとこ》にはなあ……負けるとわかってても勝負せなあかん時があるねん」

「ってことは、兄貴も魔王のドリンクにやられたことがあるんすか⁉」

「いや、ホンマにな、あいつ、時々この世のものとは思われないほど美味い酒つくってくれる時があんねん。ただ、タイミングが悪いとこのザマや。あの時はほんまに死ぬかと思たわ……」

遠い目をする依織を、紗月は理解できないというような表情で見つめている。

「何にせよ、体調を崩して迷惑をかけて、大変申し訳ない。何とお詫びしていいか――」

深々と頭を下げる善を取り囲むようにして、四人は目を見合わせる。

「……善、お前ってやつは、ほんっまアカンタレやなあ。顔上げえ」

ゆっくりと顔を上げた善に依織は言う。

「俺たち家族やろ。迷惑かけ合って、助け合って、補い合って生きていこうや」

「間違いねぇ！　むしろ善兄はもっと迷惑かけてもいいくれーだ！」

「これからは僕たちももっとお手伝いするから！……主に紗月が」

「あぁ!?」

「……もっと、頼ってね」

「……若……みんな……ありがとうっ!!　感動したあっ!!」

善はがばっと起き上がり、長い腕を大きく広げて四人もろとも抱きしめようとした。依織と北斎はひょいと避《よ》けたが、逃げ切れなかった玲央と紗月はほとんど羽交い締めになってしまっている。

「君たちは……私の自慢の家族だぁ〜！！！」

「ぐええええええ!!!!」

「はっはっは。善、そのへんにしとき……あかん玲央が死にそうや！」

「…………」

「れ、玲央〜！　しっかりせえ！」


その後、依織に助け出されて何とか生還した玲央は、ぶつくさ文句を言いながら散らかした台所を片付けている。

「ま〜ったく、ほんと死ぬかと思ったよ……こんなことならもうしばらく寝かしとけばよかった」

「玲央君、何か言ったかな？」

「な〜んにも！」

「だいたい君たちは、料理も洗濯もできなすぎる！　こんなことでは将来困ってしまうだろう！　特に玲央君と北斎君！　それもこれも、日頃君たちがかわいくて甘やかしすぎてしまった私が悪い……今後は責任持って、自立した一人前の大人になるよう教育する！　まずは家中雑巾がけ！　その後は夕食作りだ！」

「え～っ！　家族なんだから、苦手な部分は補い合って生きていこうよお～」

「ぐっ！　玲央君、都合のいいことを言うんじゃない！」

「はあ～あ、また魔王のドリンク飲んでくんないかな……だいたいあんだけ筋トレしといてダウンするって、一体何のための筋肉なんだか」

「……筋トレ後って、免疫力弱くなるらしいし」

「玲央君？　北斎君？　手が止まっているぞ？」

「だいたい何で紗月ちゃんは免除なわけ？」

「紗月君はもともとよくお手伝いしてくれてるし、家事も一通りできるからなあ……そういえば紗月君、今日は一体どこに出かけていたんだ？」

　廊下を通りかかった紗月に善が問いかけた。

　すると紗月は目を泳がせて、「それはその、ちょっと……あれっすよ、あれ」としどろもどろに言う。

「あーっ！　そういえば、先生がこないだの試験赤点だった人は土日に補習って言ってた！　紗月もしかして……」

「バ、バッカ、ちっげーよ！」

「じゃあどこ行ってたの？　ねえねえ、どこ行ってたの？　補習じゃないなら試験結果見せてよ！」

「うるっっせえなあー！！！　補習だったら何だってんだよ！　だいたいおめーはどうなんだ!?　授業中もソシャゲばっかしやがって」

「僕は余裕でパスしました～！　紗月ちゃんと違ってかわいいし賢いんで！」

「かわいいは関係ねえだろ！」

「紗月君は、勉強の特訓が必要なようだな……安心しなさい、全員、私が正しい方向に導いてみせる！何て言ったって……家族だからな！」

「えぇ～」

四人のやりとりを微笑ましく聞きながら、依織は、自分が善にかけた言葉を思い返していた。迷惑かけ合って、助け合って、補い合って生きていく。とっさに口から出た台詞《せりふ》だったが、自分にとってそれが家族の理想であり、それでいて――心の底で、自分に足りないと感じている部分なのかもしれなかった。

頭の中で何度も思い描いたオヤジの笑顔を思い出す。かつての俺たちは、オヤジの弱い部分を補い合って、寄りかかり合えていただろうか。そして、自分は今、家族に弱い部分を委ねることができているだろうか。いや、まだあいつらに背負わせるわけにはいかないことが多すぎる。今はまだ――。

ゴツンッ！　というゲンコツの音とともに紗月と玲央の悲鳴が響いて、思わずくくと笑ってしまう。しけたこと考えんと、賑やかで、ゴキゲンなのがいちばんやなあ。そうやろ、オヤジ。

翠石依織
いつもニコニコ陽気な兄貴
本心が読めない所もあるが…
家族を想う気持ちに偽りなし！
みんなから愛されている
アニキー!!
しかし――…
お
もうご飯はもろたか？
すん…
・・・・
ダッ
！
そない逃げんでもええやん…
飼い猫には怖がられていて寂しいらしい

雅邦 善
情熱的で正義感も強く
とにかく真っ直ぐな男!
それ故に…
善兄!!
玲央のヤツどこ行った!?
…ん!?
シラナイヨ!
よし!この部屋にいるんだな!
ガラッ
見つけたぞコラァ!!
もー!!
善兄!!
うわーっ!!
す
すまない玲央君…
ケンカもほどほどにな…
嘘が壊滅的に下手である

征木北斎
背が高く無口であることから誤解されやすいが——…
兄貴
それ…
ん?
ああこの手拭いか?
店の子ぉからもろてん
にゃーーーん
……
ほわっ
かわいい
やろか?
ほしいならええで
フル
フル
兄貴がもらったものだから
兄貴が大切にした方がいい
穏やかで心優しい青年である
(そして猫が大好き)

伊藤紗月
短気で喧嘩っ早い
典型的ヤンキーー!!
しかし女子に疎いことを玲央にからかわれがちなため――…
ぼく これから デートなんだ
あれ? デートって 知ってる?
知ってるっつの! さっさと行け!!
なめんな!!
……
りん
お家…行ってもいいかな…
▶だめ
くっそおおおおお!! 何を選択すればいいんだよおおお!!
わっかんねーー!
夜な夜なギャルゲーで女子を知ろうと頑張っている
夜は静かに!

円山玲央
元気な末っ子気質
腹黒でちゃっかりしている所もあり──…
スマホゲーム会
やったーまた勝ったー！
イェーイ
1位！
負けた
おかしいだろ!!
小遣い同じなのになんでそんな課金出来てんだよ!!
なんや玲央また俺のカードで課金したんか
←通りすがり
ギクー
やっぱそうかよ！
ちょっとみんな何言ってるか分かんない♡
なんか知らないけどごめんねー？
きゅるーん
毎日自分の可愛さを武器に家族を振り回している
もうするなよー
今回だけやで
よしよし
俺は絶対そっち側に行かねーからな!!
ノリわる〜
だからモテないんだよ
うっせ

Official Goods

今までつくられたグッズの一部を紹介。パラライにしかないユニークな商品も。

トレフォト
—Exhibition Show—
全32種

トレーディング
缶バッジ　Track.04
全14種

Paradox Live ぬいぐるみ
全14種

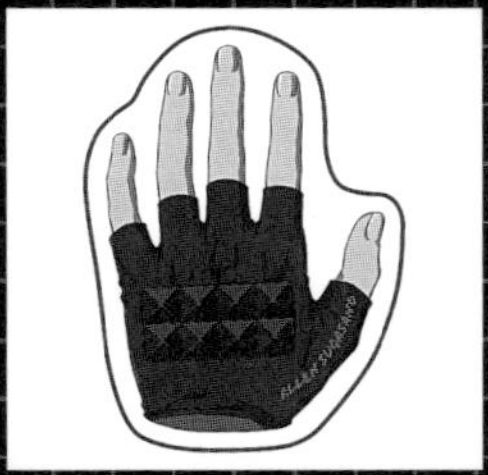

Paradox Live ハンドタオル
全14種

Paradox Live トレーナー
全1種

Paradox Live
フレークシール　全1種

New History

「Paradox Live」初のフルアルバムが発売予定。
作品史上初となる全キャラクターによる楽曲も！
タイトル：Paradox Live 1st album "TRAP"
アーティスト：BAE×The Cat's Whiskers×
cozmez×悪漢奴等

Paradox Live
Official Fan Book

2021年3月10日　第1刷発行
2024年1月20日　第6刷発行

著　者　avex pictures
漫　画　那多ここね
小　説　小林早代子
監修・協力　株式会社ジークレスト

ブックデザイン　望月昭秀＋境田真奈美＋吉田美咲（NILSON）

発行人　見城 徹
編集人　菊地朱雅子
編集者　楊木 希

発行所　株式会社 幻冬舎
〒151-0051 東京都渋谷区千駄ヶ谷4-9-7
電話　03(5411)6211(編集)
　　　03(5411)6222(営業)
公式HP：https://www.gentosha.co.jp/
印刷・製本所　中央精版印刷株式会社

検印廃止

ISBN978-4-344-03759-5　C0095

この本に関するご意見・ご感想は、
下記アンケートフォームからお寄せください。
https://www.gentosha.co.jp/e/